KB190688

복 있는 사람

오직 여호와의 율법을 즐거워하여 그 율법을 주야로 묵상하는 자로다.

저는 시냇가에 심은 나무가 시절을 좇아 과실을 맺으며 그 잎사귀가 마르지 아니함 같으니

그 행사가 다 형통하리로다. (시편 1:2-3)

헤셸의 「안식」은 신학자의 통찰력을 시인의 직관과 언어로 풀어낸 책이다. 그는 탁월한 성서학자, 종교 사상가, 경건한 구도자이며, 또한 사색 깊은 시인이었다. 글의 아름다움에 빠져 이 책을 읽어가면서, 나는 안식일 율법에 담긴 심오한 의미를 발견했고, 안식일 혐오증을 치료받을 수 있었다. 이 책을 읽고 나서, 나는 헤셸의 다른 책들도 탐독했다. 그는 비록 유대교 신학자요 사상가지만, 내가 믿는 신앙에 대해 많은 통찰을 제공해 주었다. ___김영봉 목사 ǀ 와싱톤한인교회

헤셸의 「안식」은 성서적 '안식일'에 대한 심오하고도 감동적인 해설이요, 하나님이 태초에 제정하신 '안식'이 축제였음을 상기시켜 주는 책이다. 안식일(주일)은 상당수의 개신교인들에게 지켜야 할 '거룩한 의무요 부담'으로 각인되어 있다. 주일성수라는 말에서 드러나듯이 그들은 안식일을 지켜야 할 계명의 일부라고 생각할 뿐 안식일이 선사하는 축제적 설렘을 만끽하지 못한다. 안식일은 엿새 동안의 '좋은 시간'(노동을 통해 나름대로의 자기 구원을 맛보는 시간)을 완성하는 '거룩하고 복된 시간'이다. 안식일은 노동의 성과와 생산성을 초극하는 하나님의 일방적인 은혜가 왕 노릇하는 시간이다. 노동만이 가치를 생산하는 것이 아니라 안식이야말로 생산적인 시간이라는 것을 깨닫게 된다. 안식일은 노동으로 굳어진 인간성을 이완시키는 축제다! 이 축제를 놓치면 그 사람에게 손해가 된다. 그런 점에서 안식일은 피조물 인간에게 베푸는 하나님의 원초적 은혜인 것이다. 이 책에서는 마멸된 인간성으로 시들어 가는 '노동인'들에게 '안식인'이 되라고 부르시는 자애로운 하나님의 음성이 은은하게 들려온다. ___김회권 목사 ǀ 숭실대 기독교학과

헤셸은 마르틴 부버와 더불어 20세기 하시디즘 전통의 최고 사상가였다. 민권운동을 펼친 마틴 루터 킹 목사와 함께 셀마에서 몽고메리까지 도보 행진을 하면서 "내 다리가 기도하고 있는 것을 느꼈다"고 말한 행동가이기도 하다. 그의 행동주의의 바탕에는 아파하는 이들과 함께 고통받는 하나님의 열정과, 삶의 시간을 하나님을 위해 완전히 비우는 안식에 대한 이해가 깔려 있었다. 그의 책「예언자들」이 고통받는 하나님의 열정을 보여 준다면, 「안식」은 모든 사람이 공유할 수 있는 시간의 성화요 건축물인 안식일의 정신을 되살려 낸 책이다. 그의 탄생 100주년을 맞는 올해, 이 책을 통해 많은 사람들이 안식의 의미를 다시 발견할 수 있기를 소망한다.

_ 강영안 교수 ı 서강대 철학과

잘 되었다. 스무 해쯤 전에 번역을 시작해 놓고 마치지 못했던 책이 믿음직한 후배의 튼실한 번역으로 세상에 나온다니, 참으로 반갑고 고마운 일이다.

사람들과 어우러져 살면서 자유를 누리고 사물들과 더불어 살면서 사물에 예속되지 않는 진정한 해방의 길은 어디에 있을까? 저자는 그 답을 공간이 아니라 시간의 지성소인 '안식일'에서 발견하고 그리로 들어가는 오솔길을 우리에게 안내한다. 동시에, 이 책은 '안식일'에 대한 일반인의 편견과 오해를 불식시키는 데도 크게 기여할 것이다.

_ 이현주 목사

이토록 바쁜 세상을 살아가는 우리가 무엇보다 먼저 알아야 할 것은 안식일의 중요성이다. 안식일의 의미를 알기 위해 꼭 읽어야 할 책이 있다. 아브라함 헤셸의 책 「안식」이 그것이다. 이 책을 읽은 사람은 '안식일을 지키지 않을 도리가 없구나. 하나님을 경외한다면 안식일을 지켜야겠구나' 하고 생각하게 될 것이다. 안식일 계명이 당신을 설득하지 못할지라도 헤셸은 분명 당신에게 그런 마음이 들게 할 것이다. 이 책은 영원한 필독서다!
_유진 피터슨

내가 안식일을 이해하는 데 가장 깊은 영향을 미친 책은 아브라함 요수아 헤셸의 「안식」이다. 헤셸만큼 안식일의 의미를 훌륭하게 표현해 낸 사람은 없다.
_마르바 던

헤셸의 책들 중 가장 사랑받는 책 「안식」은 안식일을 다룬 책 이상이다. 이 책은 유대교 의식에 관한 가장 빛나는 연구서다.
_닐 길먼 | *Sacred Fragments* 저자

시대를 초월한 책이다. 이 책을 읽고 변화를 준비하라.
_리처드 존 누하우스 | *First Things* 편집장

헤셸의 「안식」은 앞으로 언제까지나 다음 세대 유대 영성의 기본 텍스트가 될 것이다.
_랍비 로렌스 쿠쉬너 | *God Was in This Place* 저자

안식

Abraham Joshua Heschel

The Sabbath

안식

아브라함 요수아 헤셸 지음 | 김순현 옮김

복 있는 사람

안식

2007년 1월 26일 초판 1쇄 발행
2023년 12월 29일 초판 19쇄 발행

지은이 아브라함 요수아 헤셸
옮긴이 김순현
펴낸이 박종현

(주) 복 있는 사람
서울특별시 마포구 연남동 246-21(성미산로 23길 26-6)
Tel 723-7183(편집), 723-7734(영업·마케팅)
Fax 723-7184
hismessage@naver.com
등록 1998년 1월 19일 제1-2280호

ISBN 979-11-7083-091-7

The Sabbath
by Abraham Joshua Heschel

차
례

추천의 글_ 존재론적 만남을 위한 시간의 성소

1

복음서 연구를 전공으로 한 까닭에 나는 '율법주의'에 대해 매우 강한 경계심을 가지고 있었다. 바울이 말한 대로, 율법은 좋은 것이나 율법주의는 영을 죽이는, 매우 위험한 것이다. 율법주의는 율법의 요구를 글자 그대로 지킴으로써 하나님의 호의를 살 수 있다고 믿는 사고방식을 가리킨다. 율법이 주어진 까닭은 그 율법 규정 속에서 인간에 대한 하나님의 선의를 발견하라는 뜻인데, 율법주의에 빠지면 율법의 자구에 묶여 하나님의 뜻을 해치는 결과에 빠지고 만다.

율법주의에 빠져 율법의 본뜻을 해치게 되는 대표적인 경우가 바로 안식일 율법이다. 안식일에 일을 해서는 안된다는 규정을 지키기

위해 유대 랍비들은 얼마나 많은 세부 규정을 만들어 놓았던가! 그 복
잡한 규정에 저촉되지 않기 위해 당시 종교적 유대인들은 얼마나 신
경을 썼던가! 안식일에 활동하는 것이 마치 지뢰밭을 걷는 것처럼 조
심스러웠으니, 그 불편함은 얼마나 컸을까! 또한 이로 인해 생존 자
체가 어려운 사람들은 얼마나 소외감과 위화감을 느끼며 살았을까!
이런 문제들 때문에 예수님은 의도적으로 안식일 규정을 위반하셨
고, 그것에 대해 이의를 제기하는 사람이 있으면 그것을 계기로 설교
를 하고는 하셨다.

이런 배경 때문에, 나는 안식일 계명을 마치 기독교의 본질을 침
해할 수 있는 아주 위험한 요소인 것처럼 경계해 왔다. 더구나 어릴
때부터 보고 자라온 한국 교회의 이상한 주일 성수 관습은 나로 하여
금 안식일 계명을 더욱 혐오하게 만들었다. '주일에는 가게에 가서
물건을 사면 안된다' 혹은 '여행을 하면 안된다'는, 납득하기 어려운
관습을 보고 자란 나는, 나중에 복음서에서 안식일 관습을 과감히 거
슬러 행동하시는 예수님을 보고 해방감을 느꼈다.

신학을 연구하면서 나는, 예수님은 당신의 사역을 통해 안식일 정
신을 완성하셨고, 따라서 이제 우리 그리스도인들은 안식일을 지키

는 것이 아니라, 주님이 부활하신 날, 곧 주일을 지키는 것임을 알았다. 주일이 아니라 안식일을 지키는 것이 '성경적'이라고 주장하는 사람들을 가끔 만나 논쟁하면서, 나의 안식일 혐오는 더 강해졌다. 우리 찬송가 57장('즐겁게 안식할 날')을 속히 삭제해야 한다고 목청 높여 주장하기도 했다.

2

그러다가 아브라함 요수아 헤셸의 *The Sabbath*를 읽었다. 먼저 그의 문체에 매료되었다. 나는 이 책이, 그가 미국 생활을 시작한 지 얼마 되지 않아서 쓴 것이라는 점에 놀랐다. 그의 글은 신학자의 통찰력을 시인의 직관과 언어로 풀어낸 것처럼 보였다. 그는 탁월한 성서학자이며, 종교 사상가이자, 경건한 구도자이며, 또한 사색 깊은 시인이었다. 글의 아름다움에 빠져 이 책을 읽어가면서, 나는 안식일 율법에 담긴 심오한 의미를 발견했고, 안식일 혐오증을 치료받을 수 있었다. 이 책을 읽고 나서, 나는 헤셸의 다른 책들을 탐독했고, 또한 안식일을 다룬 다른 책들도 섭렵했다. 그는 비록 유대교 신학자요 사상가지만, 내가 믿는 신앙에 대해 많은 통찰을 제공해 주었다.

구약의 예언서 연구로 박사 학위를 받은 헤셸은 1937년에 독일 프랑크푸르트의 유대학교(Judisches Lehrhaus)에서 가르치고 있던 마르틴 부버(Martin Buber)의 후계자로 임명된 바 있다. 나치 치하에서 폴란드로 이주했다가 1940년에 미국으로 이민했다. 그 후 1947년부터 뉴욕에 있는 유대신학교(Jewish Theological Seminary)에서 윤리학과 신비주의 담당 교수로 일하다가 1972년에 세상을 떠났다. 전공은 예언서 연구였지만 그의 연구와 집필 영역은 광범위했고, 그의 글쓰기는 학문의 영역을 넘어 종교에 관심을 둔 식자층을 깊이 파고들 정도로 평이성과 심오성을 겸비했다. 헤셸은 부버와 함께 현대 유대교 사상을 대중화하는 데 크게 공헌했다.

나는 "경외심이 종교의 출발점이다"라는 헤셸의 통찰에 매료되었다. 사람들이 종교에 귀의하게 되는 동기는 다양하다. 어떤 사람은 두려움 때문에 종교를 찾기도 하고, 또 어떤 사람은 실질적인 필요를 채우기 위해 찾기도 한다. 하지만 참된 종교는 인생과 세상의 신비를 대면하여 경외심을 느끼고, 그 신비를 탐구하는 과정에서 형성되는 것이다. 다른 동기로 종교를 가지게 되었다 해도, 결국 인생과 우주의 신비에 눈뜨지 못하고 경외심을 느끼지 못하면, 그 종교는 우상 숭배로 전락할 수 있다. 예수님께서 "하늘을 나는 새를 보라. 들에 핀 백합화를 보라"고 하신 것처럼, 하나님의 신비에 눈뜨는 것이 종교 체험의 본질이다.

3

헤셀의 이 책은 종교사적으로 매우 중요하다. 다른 종교에 대해서는 잘 모르지만, 적어도 기독교 안에서만 보자면, 이 책은 최근에 개신교에서 일어나고 있는 '안식일 영성'의 부흥의 뿌리가 되기 때문이다. 대충 꼽아서, 웨인 멀러(Wayne Muller, *Sabbath: Finding Rest, Renewal, and Delight in Our Busy Lives*, 「휴」 도솔), 마르바 던(Marva Dawn, *Keeping the Sabbath Wholly: Ceasing, Resting, Embracing, Feasting*, 「안식」 IVP), 노먼 워즈바(Norman Wirzba, *Living the Sabbath: Discovering the Rhythms of Rest and Delight*) 그리고 틸든 에드워즈(Tilden Edwards, *Sabbath Time: Understanding and Practice for Contemporary Christians*)의 책들이 모두 최근에 기독교 영성의 흐름 속에서 나온 안식일 영성에 관한 책들이다. 헤셀의 책이 1951년에 나온 것을 생각한다면, 거의 반세기만에 헤셀의 통찰이 기

독교 영성 안에 그 열매를 맺었다고 할 수 있다. 이 저자들은 모두 예외 없이 혜셸의 영향이 가장 컸음을 고백하고 있다.

왜 이렇게 늦게서야 혜셸의 안식일 영성이 주목을 받게 되었을까? 여러 가지 이유가 있겠으나, 지난 30년 동안 무르익어 온 기독교 영성 운동에 가장 큰 힘을 입었을 것이다. 온전한 영성에 대해 추구하는 과정에서 안식일을 지키는 것이 얼마나 중요한 것인지를 인정하게 된 셈이다. (이들이 말하는 안식일은 토요일을 가리키는 것이 아니다. 기독교 저자들은 어느 날이든지 하루를 선택하여 안식일로 지키도록 권고하고 있다.) 위에 거론한 저자들은 안식일이라는 주제로 책을 쓴 사람들이다. 그들이 책을 내기 전, 미국 기독교 영성 운동의 지도자들이 먼저 그들의 책에서 안식의 중요성을 지적했었다. 헨리 나우웬도 그렇고, 리처드 포스터도 마찬가지다. 그리고 이들도 역시 혜셸의 도움을 입어 안식일의 본질과 안식일의 존재론적 의미에 대해 눈을 떴던 것이다.

혜셸의 안식일 영성이 최근에 미국 기독교계에서 주목을 받고 있는 또 다른 이유는, 현대인들이 지치도록 몰아세우는 삶에 대한 대안을 찾고 있기 때문이라고 할 수 있다. 지금의 시각에서 돌아볼 때, 이 책이 나온 1951년은 호랑이 담배 피우던 시절처럼 보인다. 그때, 헤셸이 안식일을 "문명을 뛰어넘는 기술"(the art of surpassing civilization)이라고 불렀다는 사실은 그에게 예언자적인 시각이 있었다는 뜻이다. 현대 문명이 인간을 소모시키는 극한점에 달한 것 같은 지금, 헤셸의 통찰은 독자로 하여금 그 앞에 머리를 조아리도록 만든다.

하지만 나는 안식일에 대한 새로운 관심이 또 다른 극으로 가지나 않을까 하는 염려를 가지고 있다. 두 가지 점에서 염려가 된다. 하나는 안식일 영성이 너무 실용적인 차원에서 논의되고 있다는 점이다. 미국인들은 무엇이든 실용화하는 놀라운 재주를 가지고 있다. 안식일 영성의 경우도 예외가 아니다. 최근에 나오는 글들을 보면, 안식일 영성의 신학적·철학적·존재론적 차원보다는, '안식일 지키기'가 어떻게 그리고 얼마나 삶에 유익한지에 초점 맞추어져 있음을 본다. 이런 점에서 헤셸의 이 책이 번역된다는 사실은 반가운 일이다. 이 책의 초점이 안식일 영성의 존재론적 의미이기 때문이다.

안식일 지키기에 대한 최근의 관심에 대해 염려하는 또 하나의 이유는, 그것이 예수님과 바울 그리고 그 이후의 개혁자들이 싸웠던 율법주의적 극단으로 되돌아가지나 않을까 하는 기우 때문이다. 안식일의 존재론적 의미를 이해하고, 정기적으로 모든 인간적인 노력을 중지하고 안식함으로, 나를 있게 하고 우주를 있게 하신 분의 숨결에 자신을 맡기고, 인생과 우주와 생명에 대한 바른 시각을 회복하는 것은 영성 생활에 있어 매우 중요한 실천임에 틀림없다. 하지만 최근에 나온 안식일 지키기에 대한 안내서들을 보면, 실천적인 제안에 있어서 너무 사치스럽고 세밀하고 인위적이라는 느낌이 들 때가 많다. 이러다가 다시 바리새주의로 회귀하지 않을까 하는 염려를 지우기 어렵다.

4

이 같은 염려가 있기는 하지만, 안식일 영성이 이즈음에 진지한 구도자들의 관심을 끌고 있다는 점은 반길 일이다. 대부분의 기독교인들은 '주일 성수'만 알았지, '안식일 영성'은 모르고 있다. 그들이 생각하는 주일 성수는 예수님 당시의 안식일 성수와 별로 다르지 않다. 외적인 행동에만 관심을 두는 점에서도 그렇고, 그러한 준수를 통해 하나님의 복을 받으리라고 기대하는 점도 그렇다. 그것이 주일이 되었든, 나의 경우처럼 월요일이 되었든, 하루 전체가 되었든, 오전 혹은 오후 몇 시간이 되었든, 일체의 인위적인 행동을 멈추고, 영과 혼과

몸이 하나님께 조율되어 '삶의 리듬'이 회복되는 것이 진정 '거룩한 준수'라고 할 수 있다. 내 존재가 하나님의 존재에 조율되는 것이다. 안식일은 이 존재론적 만남이 이루어지는 시간의 성소다.

원문에서 느낄 수 있는 헤셸의 글맛을 최대한 살려내 준 번역자에게 깊은 감사를 드린다. 번역은 기계적인 환치의 기술이 아니다. 한 영혼과 한 영혼의 대화가 되어야 한다. 그 점에서, 영성 생활에 정진하고 있는 번역자는 안식일 영성을 우리말로 담아내는 데 적임자라 할 수 있다. 또한 상업주의가 기독교 출판 시장을 지배하고 있는 오늘의 상황에서, 흔들리지 않고 한국 교회에 꼭 필요한 책들을 뽑아내어 출판하고 있는 복 있는 사람 출판사에도 감사 드린다. 모두에게 참된 복이 가득하기를 기도한다.

2007년 1월

김영봉 목사(와싱톤한인교회)

소개의 글

금요일 저녁이면 아버지는 키두시(*kiddush*, 포도주 잔을 놓고 축복과 기도를 암송하며 안식일을 시작하는 간단한 의식 – 옮긴이) 잔을 든 채로 눈을 지그시 감고 기도문을 읊으면서 포도주를 축성(祝聖)하셨다. 그럴 때면 나는 감동의 물결이 밀려오는 것을 느꼈다. 아버지는 우리 가족이 잘 아는 오래된 성가를 부르면서 포도주와 안식일을 축복하셨고, 나는 아버지가 나의 삶과 식탁에 둘러앉은 모든 이의 삶을 축복하고 계심을 느낄 수 있었다. 나는 그 순간들을 결코 잊지 못한다.

신심 깊은 여느 유대인 가정과 마찬가지로 우리 집에서도 금요일 저녁은 한 주간의 정점이었다. 안식일을 위해 어머니와 함께 촛불을 밝히노라면 나의 마음은 물론이고 몸도 갑자기 변화되는 것이 느껴졌다. 주방에 촛불을 밝히고 나서 우리는 서쪽을 향해 있는 거실로 가고는 했다. 거실의 창은 모두 허드슨 강을 내려다보고 있었다. 우리는 빠르게 진행되는 해넘이를 바라보며 감탄하고는 했다.

금요일의 달뜨고 흥분된 분위기는 촛불을 밝히면서 다소 차분한 느낌으로 바뀌었다. 성스러운 날을 준비하는 것은 그날 자체만큼이나 중요하다고 아버지는 자주 말씀하셨다. 매주 금요일 아침이면 어머니는 식료품을 구입하셨는데, 오후가 되어 그것들을 요리하실 즈음이면 차츰차츰 분위기가 달아올랐다. 아버지는 해넘이가 시작되기 한두 시간 전에 사무실에서 귀가하여 손수 준비할 것들을 챙기셨다. 한 주의 노동 시간을 마감하기 몇 분 전이면 아버지와 어머니는 부엌에 계셨는데, 깜빡 잊고 준비하지 못한 것이 무엇인지를 생각해 내려고 애쓰셨다. 주전자가 다 끓었는지, 철판이 난로를 덮고 있는지, 오븐이 켜져 있는지도 살피셨다.

그러고 나서 해넘이가 시작되기 20분 전이 되면, 부엌에서 마무리하지 못한 일이 무엇이든, 우리 가족은 그저 촛불을 밝히면서 그 일을 잊고 안식일의 도착을 기뻐하며 축하했다. 아버지께서 쓰신 바에 의하면, "안식일은 애무하듯이 다가와 두려움과 슬픔과 어둔 기억을 닦아 없앤다"고 한다.

아버지는 금요일 저녁에 유대인 회당에 가기보다는 집에서 기도하는 것을 좋아하셨다. 우리 가족의 저녁식사 분위기는 대체로 조용하고 느릿하고 느슨한 편이었다. 아버지와 어머니는 사교적인 모임을 그다지 자주 열지는 않았지만, 두 달에 한 번씩 벗이나 동료 몇 사람을 안식일 만찬에 초대하셨다. 안식일 만찬은 늘 같았다. 할라 빵(challah, 안식일에 먹는 빵―옮긴이)은 우리 고장의 제과점에서 만든 것이었고, 어머니는 닭고기 수프, 약병아리 구이, 샐러드, 채소를 요리하셨다. 아버지는 후식으로 골든 딜리셔스 사과를 깎으면서 껍질이 끊어지지 않게 하려고 애쓰셨고, 우리는 사과 조각을 나누어 먹었다. 어머니는 열성적인 요리사가 아닌데다 아버지는 언제나 소금기 없는 음식을 드셨다. 그러다 보니 음식은 맛깔스럽지가 못했다. 그러나 아버지는 식사를 시작할 때마다 포크를 들고 나를 보시며 이렇게 말씀하셨다. "엄마는 훌륭한 요리사란다."

우리의 안식일 식탁에서는 여느 때와 다른 풍습이 펼쳐졌다. 언젠가 아버지는 코피츠니츠의 유대인 학교 교사인 내 외삼촌에게서 선물을 받으신 적이 있다. 그것은 향료를 담는, 은으로 된 기다란 두 개의 갑이었다. 아버지는 그 갑 속에 도금양(桃金孃)과 유칼립투스 잎사귀를 넣고 간수하셨다. 대개는 안식일을 마칠 즈음에 거행하는 하브달라(havdalah) 의식에서 향료를 축성하고 냄새를 맡지만, 아버지가 이 책 「안식」에서 말씀하시고 랍비들의 문구에 뿌리를 둔 하시디즘(Hasidism, 유대교의 경건주의 운동—옮긴이) 풍습에서는 포도주를 축성하는 키두시를 암송하기 직전에 향료를 축성하고 냄새를 맡는다.

안식일 만찬에 초대받은 손님들은 거의 언제나 유럽에서 망명한 학자들이었고, 식탁에서 오가는 대화의 초점은 늘 유럽에 맞춰졌다. 그들은 자신들이 알고 있는 독일 학자들, 곧 미국이나 이스라엘로 도망한 유대인들과 죽은 유대인들에 대해 이야기했다. 그들은 나치의 유대인 대학살 과정에 대해서는 이야기하지 않았고, 그 시기에 관련된 말은 입 밖에도 내지 않았다. 하지만 그들은 막스 바인라이히(Max Weinreich)가 「히틀러의 교수들」(Hitler's Professors)이라는 책에서 나치로 폭로한 비유대계 학자들에 대해 이야기하고는 했다. 부모님의 친구들 대다수는 아버지와 마찬가지로 제2차대전이 발발하기 전에 독일 대학에서 공부한 분들이었다. 전쟁이 끝난 지 이삼십 년이 지낮음에도 불구하고 그들은 자신들이 찬탄할 정도의 업적을 쌓은 학자들이 나치가 되었다는 충격적인 사실에서 헤어나오지 못했다. 그들의 대화를 물들인 것은 언제나 독일 문화였다. 나는 자라면서 학교에서 호손, 멜빌, 에머슨, 소로우의 작품을 읽기 오래 전부터 괴테와 하이네, 쇼펜하우어와 후설에 관해 들었다. 가정의 문화 세계로 보면, 나는 늘 미국을 관광하는 사람에 불과하다는 느낌을 지울 수 없었다.

대화는 종종 동유럽을 중심으로 이루어졌다. 아버지는 동유럽의 하시디즘 세계 출신이었다. 그는 손님들에게 하시디즘의 여러 교사들에 얽힌 이야기를 하거나, 하시디즘 문헌의 가르침을 즐겨 설명하셨다. 부모님의 벗 가운데 그쪽 출신이 몇 안되었음에도 불구하고, 아버지는 안식일이 되면 자신이 젊을 적에 준수했던 많은 안식일로 되돌아가 자신의 집안과 친지들을 떠올렸다.

안식일이 되면 아버지는 평소에 늘 읽던 것과는 다른 책들을 읽으셨다. 철학 서적이나 정치 서적 같은 비종교적인 책은 읽지 않고 그 대신 히브리 종교 문헌들을 읽으셨다. 안식일에는 글을 쓰는 것이 금지되었으므로 아버지는 이따금 냅킨이나 클립을 끼워 페이지를 표시하고는 하셨다. 그런 이유로 나는 여러 해가 지난 뒤에도 아버지가 안식일에 읽으시던 책이 어떤 책인지를 말할 수 있었다. 아버지는 안식일을 맞이할 때마다 그 책들을 읽으면서 자신의 유년기를 떠올리고, 자신이 종교적으로 고귀한 사람들에 둘러싸여 자랐음을 절절히 느끼셨다.

안식일 아침이 되면 우리는 유대신학교에서 거행되는 예배 의식에 참석했다. 유대신학교는 아버지가 교수로 일하시는 곳이었다. 회중 속에는 그 신학교와 컬럼비아대학교의 교수단 및 학생들이 앉아 있었다. 예배는 유대교 정통파 예배였으며 처음부터 끝까지 히브리어로 진행되었고, 좌석은 남자가 앉는 자리와 여자가 앉는 자리로 구분되어 있었다. 매주 우리는 졸업을 앞둔 랍비 후보생들의 설교를 들었는데, 회당에서 집으로 돌아오는 길에는 교수들이 설교의 질을 평하고는 했다. 호되게 평하는 경우도 종종 있었다. 집으로 돌아오는 길은 도보로 15분밖에 걸리지 않았다. 하지만 아버지는 조금 걷다가 멈추어 요점을 말씀하시고, 그런 다음 다시 걸음을 떼는 습관이 있었다. 그러다 보니 걷는 시간이 30분으로 길어졌다. 내 키가 작았을 때 아버지는 이따금 나를 자신의 어깨 위에 태우셨고, 내가 조금 더 컸을 때는 동료들의 도움을 받아 나를 즐겁게 해 주셨다.

안식일 점심식사는 격의 없이 편안했으며, 농담을 던지며 지분거리는 시간이었다. 점심식사가 끝나고 나면 부모님은 낮잠을 주무셨는데, 그렇게 낮잠을 자는 일은 매주 한 번 있는 일이었다. 그런 다음 차를 마시고 거리를 가로질러 강변 공원을 산책하는 시간이 뒤따랐다. 그곳에서 우리는 안식일 오후 산책을 즐기는 친구와 동료들을 만나고는 했다.

안식일 경험은 두 가지로 구분된다. 가을철과 겨울철 몇 달 동안은 안식일이 금요일 오후 4시경에 시작되어 토요일 오후 5시경에 끝나고, 봄철과 여름철 몇 달 동안은 안식일이 금요일 오후 8시나 8시 30분경에 시작되어 토요일 오후 9시나 그 이후에 끝난다. 겨울철 몇 달 동안 우리의 금요일 밤은 만찬이 끝난 뒤에도 오래 이어졌다. 부모님이 식탁에 앉아서 차를 마시고 책을 읽으셨기 때문이다. 봄철 몇 달 동안은 긴 안식일 오후가 그날의 평온하고 조용한 중심이 되었다.

가끔은 부모님이 안식일 오후의 가벼운 식사(high tea)에 제자들을 초대하기도 하셨다. 어머니는 치즈와 크래커, 여러 종류의 과자를 차려 내셨고, 이따금 근사한 헤렌토르테(*Herrentorte*)를 차려 내기도

하셨다. 헤렌토르테는 세로로 길게 가른 빵 덩어리 속에 여러 종류의 생선과 달걀 샐러드를 차곡차곡 채워 넣고 빵 표면에 크림치즈와 안초비 소스를 입힌 케이크였다. 아버지는 제자 하나하나에게 세심한 주의를 기울이셨으며, 그들이 하는 공부, 그들이 살고 있는 고장의 랍비들, 그들의 장래 희망에 대해 질문하셨다. 땅거미가 내려앉아 어스레해지면, 아버지는 그들 하나하나에게 시두르(*Siddur*, 일반 안식일이나 평일에 회당과 가정에서 사용되는 유대교의 모든 전례를 담고 있는 기도서―옮긴이)를 건네신 다음 저녁예배 때 기도하게 하셨다. 우리는 그들과 함께 하브달라, 곧 안식일 마감 기도를 바쳤고, 그런 다음 그들은 자기 집으로 돌아갔다.

일요일은 또 다시 평일이었다. 겨울철 몇 달 동안 아버지는 이따금 일요일 아침에 제자들을 가르치셨고, 어머니는 피아노를 연습하셨다. 하지만 해마다 여름철이 되면, 부모님은 로스앤젤레스에 있는 집 한 채를 임대하셨다. 그 집은 내 외삼촌들과 그 가족들 근처에 있었다. 집에서 회당까지의 거리가 너무 멀어 걸을 수 없을 때가 종종 있었는데, 그럴 때면 교우들이 안식일 아침에 부모님의 집으로 와서 예배를 드렸다. 어머니는 집에 온 모든 이를 위해 가벼운 키두시 잔을 준비하셨고, 손님들은 오후까지 편히 머물렀다. 안식일이 토요일 밤에 끝났을 때는 밤늦게 잠자리에 들었다. 일요일 아침은 안식일 이후로 넘어가는 과도기였다. 아버지는 연구실로 가셨고, 어머니는 피아노를 연습하셨다. 여름철의 일요일 오후는 음악으로 채워졌다. 우리는 외삼촌 댁에 가고는 했다. 외삼촌은 바이올린을 연주할 줄 아는 의사였다. 외삼촌의 집에는 커다란 음악실이 있었는데, 거기에는 피아노 두 대가 놓여 있었다. 외삼촌의 친구들은 삼중주, 사중주, 오중주 곡으로 편곡하여 실내악을 연주하면서 그날을 보내고는 했다. 음악실 바깥쪽에는 넓은 수영장이 있었다. 아버지와 나는 물 위에 떠다니거나 책을 읽거나 어머니가 연주하시는 음악을 듣고는 했다.

1951년, 「안식」이 출간되었을 당시, 아버지는 고작 11년이라는 세월을 미국에서 지내신 때였다. 1940년에 미국에 도착하셨는데, 그때 아버지의 영어 실력은 빈약하기 그지없었다. 하지만 아버지는 영어를 아주 빨리 습득하셨고, 대단히 풍부하고 시적인 문체로 글을 써 나가셨다. 부모님은 이따금 흥겹게 웃고는 하셨는데, 「안식」의 초기 독자들이 내 아버지가 저자라고는 상상도 하지 못했기 때문이다. 초기의 독자들은 내 어머니가 이 책을 대작하신 것이라고 여겼다! 이 책의 언어는 본질적인 의미를 담고 있고, 애수를 띤 시적인 어조는 아버지가 설명하는 안식일의 분위기를 자아낸다.

「안식」은 미국의 유대인들이 급격하게 동화되고 수많은 사람이 유대 기질의 공적인 표현을 거북하게 여기던 시기에 나온 책이다. 랍비들과 유대 지도자들 중에도 유대 신비주의와 하시디즘은 물론이고 유대교 신학과 유대교 영성까지 거부하는 이들이 있었다. 그들은 종교 없는 유다이즘, 하나님도 없고 신앙도 없고 신념도 없는 유다이즘을 원하는 것 같았다. 그들이 보기에 안식일은 일, 사회 활동, 쇼핑, 미국인이 되는 것을 방해할 뿐이었다.

안식일의 중요성을 다시 소개하기 위해 힘쓰면서도 아버지는 종교적 계율 준수를 무시하는 유대인들을 꾸짖지도, 랍비 문헌의 절대적 권위에 바탕을 둔 유대 율법에 복종할 것을 요구하지도 않으셨다. 성직자들이 종교로 심리적 건강을 증진할 수 있다고 주장하던 시기에, 아버지는 글을 쓰면서 시류를 거스르셨다. 아버지는 안식일이 심리학이나 사회학과는 무관하다고 주장하셨다. 아버지의 견해에 의하면, 안식일은 우리를 더 평온하게 해 주는 것도 아니고 우리를 결속시켜 주는 것도 아니다. 안식일은 현대적인 것이나 세속적인 세계를 거부하지도 않는다. 아버지가 보기에 안식일은 문명으로부터의 후퇴가 아니라 문명 건설의 보조자였다. 안식일에 접근하는 최근의 방식과 다르게 아버지는 "전례"의 중요성을 강조하지 않으셨다. (그는 "관례"와 "의례"라는 말이 유대 어휘 사전에서 삭제되어야 한다고 생각하셨다.) 또한 안식일이 유대교의 연속성을 확고하게 하는 매개체라고 생각하지도 않으셨다.

하지만 아버지는 안식일을 다루면서 정치적 관심사와 현대적인 용어를 반영하셨다. 「안식」에는 자유와 해방이라는 주제가 되풀이해서 나타난다. 그는 문명이 살아남으려면 안식일이 필요하다고 쓰셨다. 물질세계에 예속되지 않고 살려면, "내적인 해방을 쟁취하기 위해 씩씩하게, 끊임없이, 은밀히 싸워야 한다. 사람의 지배와 사물의 지배로부터 벗어나지 않으면 내적인 해방을 쟁취할 수 없다. 고도의 정치적 해방과 사회적 해방을 쟁취한 사람은 많지만, 사물의 노예가 되지 않은 사람은 극소수에 불과하다. 우리가 항구적으로 씨름해야 할 문제는 이것이다. '사람들과 어우러져 살면서 자유를 누리려면 어찌해야 하는가? 사물과 더불어 살면서 사물에 예속되지 않으려면 어찌해야 하는가?'"

아버지가 정의하신 바에 의하면, 유다이즘은 시간 속에 있는 성스러움에 집중적으로 관심을 갖는 종교다. 어떤 종교는 거대한 성당이나 사원을 세우지만, 유다이즘은 시간의 건축술로서 안식일을 세운다. 시간 속에 성스러움을 세우려면, 공간 속에 성당이나 사원을 세우는 것과는 다른 감각이 필요하다. "우리는 시간을 성화하기 위해 공간을 정복해야 한다." 아버지는 혹자가 넌지시 말하듯이 공간을 폄훼하신 것도 아니고, 이스라엘의 중요성을 부정하신 것도 아니다. 아버지가 이스라엘과 그 신성함을 위해 얼마나 애쓰셨는지는 그의 책 「이스라엘, 영원의 메아리」(*Israel: An Echo of Eternity*)에서 여실히 입증된다. 아버지는 이스라엘 그리고 안식일과 관련하여 이렇게 강조하신다. "성화는 인간의 행위와 태도에 달려 있다." 안식일을 성화하는 것은 하나님을 닮은 우리의 본분이다. 또한 그것은 하나님의 현존을 발견하는 길이기도 하다. 하나님과 닮은 것을 발견하는 길은 공간 속에서가 아니라 시간 속에서 이루어진다. 성서에서 사물이나 공간은 그 자체로 거룩한 것이 아니다. 언약의 땅조차도 거룩한 땅이라고 일컬어지지 않는다. 아버지가 쓰신 바에 의하면, 땅과 축제의 성스러움은 그것들을 성화하는 유대 사람들의 행위에 달려 있지만, 안식일의 성스러움은 이스라엘의 성스러움보다 우위에 있다. 설령 사람들이 안식일을 준수하지 못한다고 해도, 안식일은 성스러움을 간직하고 있다.

안식일의 심오한 분위기를 살려내려면 어찌해야 하는가? 아버지가 강조하신 바에 의하면, 거룩함은 우리가 창조해 내는 고품격 특성이다. 우리는 공간을 어떻게 다루어야 하는지를 알고 있다. 하지만 성스러운 시간은 어찌해야 하는가? 아버지는 우리가 한 주 가운데 엿새 동안 무언가를 획득하려는 열정으로 살아간다고 말씀하신다. 반면에 안식일은 영혼을 새롭게 해 주고, 우리는 안식일에 우리가 누구인지를 재발견한다. "안식일은 이 세계에서 이루어지는 하나님의 현존, 인간의 영혼에 개방된 하나님의 현존이다." 하나님은 공간의 사물 속에 계신 것이 아니라 시간의 찰나 속에 계신다. 하나님의 현존을 감지하려면 어찌해야 하는가? 도움이 되는 안식일 법규가 있다. 그것들은 세속의 요구를 차단하고, 일을 삼가라고 요구한다. 미슈나(*Mishnah*, 유대교의 가장 오래되고 권위 있는 구전 율법 모음집－옮긴이)는 "일"의 구성요소가 되는 것들을 일일이 열거하면서 기술 문명을 세우는 데 필요한 행위 유형들을 기술한다. 하지만 아버지는 그 이상의 것을 말씀하신다. 안식일에는 불을 지피는 것을 금하지만, 아버지는 "어떠한 불도 지펴서는 안된다. 의분(義憤)이라는 불조차 지펴서는 안된다"고 쓰셨다. 우리 집에서는 안식일에 정치 이야기, 나치의 유대인 대학살, 베트남 전쟁 같은 화제를 피하고 다른 것을 화제로 삼았다. 안식일 준수는 일을 삼가는 것과 관계가 있을 뿐만 아니라, 메누하(menuba)를 창조하는 것과도 관계가 있다. 메누하는 충만한 휴식을 의미하며, 축전(祝典, celebration)을 의미하기도 한다. 안식일은 영혼을 위한 날이기도 하지만 육체를 위한 날이기도 하다. 아버지는 안식일에 슬퍼하는 것을 죄라고 가르치셨고, 그 가르침을 늘 지키셨다.

기적은 안식일과 함께 온다. 영혼이 되살아나고, 여분의 영혼이 태어나며, 안식일의 성스러운 광채가 집안 구석구석을 가득 채운다. 노여움이 걷히고, 긴장이 사라지며, 얼굴에는 환한 빛이 자리한다.

안식을 창조하는 것은 갈망에서 시작된다. 인상적이게도, 아버지는 우리의 기대를 전환시키신다. 말하자면 우리가 안식을 갈망하는 것이 아니라 안식의 영(靈)이 우리를 갈망한다는 것이다. 우리는 안식의 배우자다. 우리는 매주 안식일을 성화함으로써 안식과 결혼한다. 그 결혼이 우리를 만든다. "우리가 어떤 사람이 될 것인지는 안식일이 우리에게 어떤 날이 되느냐에 달려 있다." 안식일은 단지 토요일에 태어나는 것이 아니다. 아버지는 우리가 한 주의 나머지 엿새 동안 어떻게 행동하느냐가 안식일 경험의 깊이를 결정한다고 말씀하신다. 한 주의 나머지 엿새는 안식일로 나아가는 순례 여행이다.

안식일은 성스러움을 입고 온다. 우리는 단순히 한 날 속으로 들어가는 것이 아니라 분위기 속으로 들어가는 것이다. 아버지는 조하르(*Zohar*, 14세기경에 나온 유대교 신비주의 경전―옮긴이)의 글귀를 인용하여 이렇게 말씀하신다. "안식일은 하나님의 이름이다." 안식일이 우리 안에 있는 것이 아니라 우리가 안식일 안에 있다. 아버지에 의하면 '그러한 성스러움을 감지하려면 어찌해야 하는가'라는 물음은 안식일 법규를 **얼마나 많이** 준수할 것인지가 아니라 **어떻게** 준수할 것인지와 관계가 있다. 안식일 법규의 준수를 엄격히 고집하는 것으로는 충분치 않다. 목표는 안식을 창조하여 낙원을 미리 맛보는 것이다. 안식일은 낙원을 암시하는 은유이며, 하나님이 현존하신다는 증언이다. 우리는 기도를 바치면서 메시아 시대를 고대하는데, 그 시대는 안식의 연속일 것이다. 각각의 안식일은 그것을 경험하도록 우리를 준비시킨다. "안식일의 맛을 즐기는 법을 익히지 않으면, 이 세상에 임하는 영원의 맛을 누리지 못할 것이다." 하나님께서 이 세계에 영혼을 부여하신 날은 일곱째 날이었다. "이 세계의 생존은 일곱째 날의 거룩함에 달려 있다." 우리의 과제는, 시간을 영원으로 변화시키고 우리의 시간을 영으로 가득 채우는 것이다. "우리는 한 주에 엿새 동안은 땅에서 이윤을 짜내며 이 세계와 씨름하지만, 안식일에는 영혼 속에 심겨진 영원의 씨앗을 각별히 보살핀다. 우리의 손은 이 세계에 속해 있지만, 우리의 영혼은 누군가 다른 분의 것이다."

아버지가 마지막으로 맞이한 안식일에 우리는 친지들과 함께 성대한 만찬을 나누었다. 그러고 나서 친지 가운데 한 분이 아버지가 젊을 적에 이디시어(독일어에 히브리어와 슬라브어를 섞어 히브리 문자로 쓴 언어. 유럽과 미국의 유대인들이 주로 쓴다—옮긴이)로 쓰신 시편 가운데 일부를 큰소리로 읽었다. 그날 밤, 아버지는 잠자리에 드셨고, 다시 깨어나지 않으셨다. 유대 전통에서는 자면서 죽는 것을 가리켜 하나님의 입맞춤이라고 부른다. 안식일에 죽는 것은 신심 깊은 자들이

받을 만한 선물이다. 언젠가 아버지는 이렇게 쓰셨다. "경건한 사람에게 죽음은 특전이다."

수재너 헤셸(Susannah Heschel)

머리말 • 시간의 건축술

기술 문명은 인간이 공간을 정복하여 이루어 낸 것이다. 그것은 종종 실존의 본질적 요소인 시간을 희생하여 이룩한 위업이다. 기술 문명 속에서 우리는 공간을 점유하기 위해 시간을 들인다. 우리는 공간의 세계에서 우리의 힘을 증대하는 것을 목표로 삼고 있다. 하지만 더 많이 소유하는 것이 더 많이 존재하는 것을 의미하지는 않는다. 우리가 공간의 세계에서 획득하는 힘은 시간의 경계선에서 별안간 사라지고 만다. 그러나 시간은 실존의 핵심이다.[1]

공간의 세계에 대한 지배력을 획득하는 것은 확실히 우리의 과업 가운데 하나다. 하지만 우리가 공간의 영역에서 능력을 획득하다가 시간의 영역에 있는 모든 열망을 상실할 때 위험이 시작된다. 시간의 영역에서는 소유가 아니라 존재가, 움켜쥠이 아니라 내줌이, 지배가 아니라 분배가, 정복이 아니라 조화가 목표다. 공간을 지배하고 공간의 사물을 획득하는 것이 우리의 유일한 관심사가 될 때, 삶은 망가지고 만다.

권력만큼 유용한 것이 없고, 권력만큼 소름끼치는 것이 없다. 이따금 우리는 빈곤에 의한 타락으로 고통을 겪었지만, 이제는 권력으로 인한 타락의 위협을 받고 있다. 행복은 노동을 사랑하는 데 있고, 불행은 이득을 사랑하는 데 있다. 수많은 마음과 물주전자가 이익이라는 샘가에서 부서지고 있다. 자신을 물질의 노예로 팔아 버릴 때, 인간은 그 샘가에서 부서진 그릇이 되고 만다.

기술 문명은 본래 자연의 힘을 정복하고 조종하고자 하는 인간의 욕망에서 비롯된 것이다. 도구를 제작하고, 실을 잣고, 농사를 짓고, 집을 짓고, 항해를 하는 등의 기술은 모두 인간의 공간적인 환경 속에서 행해지는 것들이다. 공간의 사물에 사로잡힌 정신이 오늘에 이르기까지 인간의 모든 활동에 영향을 미치고 있다. 심지어 종교까지도 신(神)이 공간 속에, 곧 산이나 숲이나 나무나 돌처럼 특정한 장소에 살고 있다는 생각의 지배를 종종 받는다. 그 결과 그런 장소들이 성소로 선정된다. 그때부터 신은 특정한 장소에 매이게 되고, 성스러움은 공간의 사물과 연관된 속성에 매이게 된다. "신은 어디에 있는가?"가 주된 질문이 된다. 다들 하나님이 우주 안에 현존하신다는 견해에 광적으로 동의한다. 하지만 그러한 견해는 하나님이 시간 속에 계신 것이 아니라 공간 속에 계시고, 역사 속에 계신 것이 아니라 자연 속에 계신다는 뜻으로 받아들여진다. 마치 그분이 영(靈)이 아닌 사물이라도 된다는 듯이 말이다.

범신론 철학도 공간의 종교다. 지고의 존재(Supreme Being)는 무한한 공간으로 여겨진다. 데우스 시베 나투라(*Deus sive natura*, 神卽自然―옮긴이)는 시간이 아닌 공간, 곧 연장(延長)을 그 속성으로 갖는다. 스피노자에게 시간은 동작의 우연, 사유의 한 양태일 뿐이다. 철학을 공간의 과학인 기하학의 방식(*more geometrico*)으로 전개하고자 했던 그의 의욕은 공간에 치우친 그의 기질을 보여 줄 뿐이다.

원시적인 지성은 상상력의 도움이 없으면 관념을 깨닫기가 어렵다. 상상력이 영향력을 발휘하는 곳은 공간의 영역이다. 신들에 관한 한, 원시적인 지성은 눈에 보이는 상(像)이 있어야만 한다. 상이 없으면 신도 없는 것이다. 신성한 상, 신성한 유적 내지 신성한 장소를 숭배하는 행위는 대다수의 종교에만 고유한 것이 아니다. 모든 세대의 사람들, 모든 민족들, 신심 깊은 사람들, 미신에 사로잡힌 사람들도 그러한 행위를 지속하며, 심지어 신앙이 없는 사람들도 그렇게 한다. 그들 모두는 국기와 군기, 국립묘지, 왕이나 영웅을 위해 건립된 기념비에 경의를 표한다. 성역을 훼손하는 행위는 어디서나 신성모독으로 간주된다. 심지어는 성역을 너무 중요시하다가 그것이 대변하는 사상을 망각하기까지 한다. 기념비는 건망증을 부추긴다. 수단이 목적을 망치는 것이다. 왜냐하면 공간의 사물은 인간에 의해 좌지우지되기 때문이다. 아무리 더럽혀질 수 없을 만큼 신성하다고 해도, 공간의 사물은 훼손되지 않을 만큼 신성한 것이 아니다. 신성한 것을 존속시키고 신의 현존을 영속화하기 위해 신상(神像)이 제작된다. 하지만 만들어진 신, 감금된 신은 인간의 그림자일 뿐이다.

우리는 너나없이 공간의 광채, 사물의 화려함에 현혹된다. 사물은 우리의 마음을 무겁게 짓누르고 우리의 모든 사고를 학대하는 범주다. 우리의 상상력은 모든 개념을 상으로 만드는 경향이 있다. 일상생활 속에서 우리는 주로 오감이 판독해 주는 것, 이를테면 눈이 감지하는 것, 손가락이 만지는 것에 주의를 기울인다. 우리에게 실재는 물성(物性)인데, 그것은 공간을 점유하는 실체들로 이루어지는 것이다. 심지어 우리는 하나님까지도 사물로 여긴다.

물성의 결과는 자신의 신원을 사물이라고 밝히지 않는 모든 실재를 깨닫지 못하게 한다. 그것은 우리의 시간 이해에서 분명하게 드러난다. 시간은 비물질적이고 실체가 없다. 그런 이유로 우리는 시간이 마치 실재를 갖고 있지 않은 것처럼 생각한다.[2]

실로 우리는 공간으로 무엇을 해야 할지는 알고 있지만, 시간으로 하여금 공간에 이바지하게 하는 것 외에 시간에 대해서는 어찌할 바를 모르고 있다. 우리들 대다수는 공간의 사물을 얻기 위해 일하는 것 같다. 그 결과 우리는 시간에 대한 뿌리 깊은 공포에 시달리고, 어쩔 수 없이 시간의 얼굴을 보게 되면 소스라치게 놀란다.[3] 우리는 시간을 빈정거림, 교활하고 믿을 수 없는 괴물로 여기고 있다. 우리는 그 괴물이 우리 삶의 모든 순간을 태워 없애는 용광로 같은 턱을 지니고 있다고 생각한다. 그런 까닭에 우리는 시간 대면을 꺼리고 은신처를 찾아서 공간의 사물들에게로 달아난다. 우리는 이행하지도 못할 목표들을 공간에 맡긴다. 소유는 억압의 상징, 좌절의 축제가 된다.

하지만 공간의 사물은 불연성(不燃性)이 아니다. 공간의 사물은 불꽃에 연료를 더할 뿐이다. 시간의 공포는 피할 수 없는 죽음의 공포로 자라는데, 소유의 기쁨이 그런 공포의 해독제가 되겠는가? 불어난 사물은 행복의 위조품일 뿐이다. 그것은 우리의 참된 삶을 위협할 뿐이다. 공간의 사물은 프랑켄슈타인과 같다. 공간의 사물은 우리를 뒷받침하기보다는 우리를 괴롭힐 뿐이다.

인간은 시간의 문제를 회피할 수 없다. 생각하면 생각할수록, 공간을 통해서는 시간을 정복할 수 없음을 절감하게 된다. 우리는 시간 속에서만 시간을 정복할 수 있다.[4]

우리가 영성생활을 하는 이유는 풍부한 지식을 축적하기 위해서가 아니라 거룩한 순간들을 마주하기 위해서다. 사람을 감복시키는 것은 사물이 아니라 영적인 현존이다.[5] 영혼 속에 갈무리되는 것은 통찰의 순간이지 행위가 일어난 장소가 아니다. 통찰의 순간은 행운이다. 그것은 우리를 측정된 시간의 한계 너머로 데려간다. 시간 속에서 영원한 것의 위대함을 감지하지 못하면, 영적인 삶은 쇠퇴하기 시작한다.

공간의 세계를 얕보는 것은 내가 의도하는 바가 아니다. 공간과 그 속에 있는 사물의 복을 깔보는 것은 창조 작품, 곧 하나님께서 보시고 "참 좋구나!" 감탄하신 작품을 깔보는 것과 같다. 이 세계를 시간의 관점(*sub specie temporis*)으로만 볼 수는 없다. 시간과 공간은 서로 밀접한 관계를 갖고 있다. 둘 가운데 어느 하나를 간과하는 것은 일부를 보지 못하는 것이다. 단지 나는 인간이 공간에 무조건적으로 굴복하고 사물에게 예속된 상태를 반박할 따름이다. 우리는 사물이 순간에게 의미를 부여하는 것이 아니라 순간이 사물에게 의미를 부여함을 잊지 말아야 한다.

성서는 공간보다는 시간에 더 관심을 갖는다. 성서는 세계를 시간의 차원에서 본다. 성서는 나라들과 사물들보다는 세대들과 사건들에 더 주의를 기울이고, 지리보다는 역사에 더 관심을 보인다. 성서의 가르침을 이해하려면, 성서의 전제를 받아들여야 한다. 성서의 전제는 이러하다. 곧, 시간은 적어도 공간이 가지고 있는 것과 동등한 의미를 가지고 있으며, 그 자체의 의의와 주권을 가지고 있다는 것이다.

성서의 히브리어에는 "사물"에 해당하는 말이 없다. 후기 히브리어에서 사물을 의미하게 된 다바르(*davar*)라는 단어도 성서의 히브리어에서는 강연, 말, 기별, 보고, 통지, 조언, 부탁, 약속, 결정, 문장, 주제, 이야기, 속담, 발언, 업무, 일, 행위, 선행, 사건, 방법, 방식, 이유, 원인을 뜻하지만 "사물"을 뜻하지는 않는다. 이것은 언어의 빈곤을 보여 주는 표시인가? 아니면 실재(reality, 사물을 뜻하는 라틴어 *res*에서 파생한 단어)를 물성과 동일시하지 않으려는 세계관, 왜곡되지 않은 세계관의 표시인가?

종교사에서 드러나는 가장 중요한 사실 가운데 하나는 농경 세시풍속이 역사적 사건을 기념하는 축제로 변형되었다는 것이다. 고대인들의 축제는 자연의 계절과 밀접하게 연결되어 있었다. 그들은 계절에 따라 자연의 생명 속에서 발생한 사건을 경축했다. 축제일의 가치는 자연이 생산하거나 생산하지 않은 것에 의해 결정되었다. 유대교 안에서 유월절은 본래 봄철의 축제였는데 나중에 이집트로부터 탈출한 것을 경축하는 절기가 되었다. 칠칠절은 밀 추수 끝에 거행되던 추수절이었다가(*hag hakazir*, 출 23:16, 34:22) 시내 산에서 토라(*Torah*, 율법—옮긴이)를 수여받은 것을 기념하는 날이 되었다. 초막절은 옛적에 포도 수확을 기리는 축절이었는데(*hag haasif*, 출 23:16)

나중에 이스라엘 사람들이 광야에 체류하면서 초막에서 살던 것을 기념하게 되었다(레 23:42 이하). 이스라엘 사람들은 비록 자연 속에서 주기적으로 반복되는 현상들에 의지하여 육체의 생명을 유지했지만 그럼에도 불구하고 그러한 현상들보다는 역사 속에서 단 한 번 일어난 사건들을 영적으로 더 중요하게 여겼다. 다른 민족의 신들이 장소나 사물과 관련되었던 반면, 이스라엘의 하나님은 사건들의 하나님, 이스라엘을 노예 상태에서 구출하신 분, 토라의 계시자였으며, 사물이나 장소가 아니라 역사의 사건들 속에서 자신을 드러내신 분이었다. 그리하여 상으로 표현되지 않는 분, 상상할 수 없는 분에 대한 신앙이 태어나게 되었다.

유대교는 **시간의 성화**를 목표로 삼는 **시간의 종교**다. 공간 기질의 사람은 시간을 일정하고 반복적이고 동질적인 것으로 여기고, 모든 시간을 똑같은 것으로, 특징이 없는 빈 껍질로 여기지만, 성서는 시간의 다양한 특성을 감지한다. 똑같은 두 개의 시간은 없다. 모든 때는 저마다 유일하며, 그 순간에 주어진 하나밖에 없는 때이며, 비할 수 없이 귀하다.

유대교는 우리에게 시간 속의 거룩함, 신성한 사건들에 애착심을 가지라고, 한 해의 장엄한 흐름에서 솟구치는 성스러운 순간들을 성화하는 법을 배우라고 말한다. 매주 맞이하는 안식일이야말로 우리의 대(大)사원이다. 우리의 지성소는 로마 사람들과 독일 사람들이 태워 없애지 못한 성역, 배교라는 것이 쉽게 말살하지 못한 성역이다. 그 성역은 다름 아닌 속죄일이다. 고대 랍비들은 인간이 회개할 때 인간의 죄를 벗겨 주는 것은 속죄일의 준수가 아니라 속죄일의 정수인 속죄일 자체라고 말했다.[6]

시간 속에서 이루어지는 의미심장한 형식의 예술, 곧 **시간의 건축술**이야말로 유대교 전례의 특징이다. 안식일, 신월제(新月祭), 축절들, 안식년과 희년 등 유대교의 전례 관습 대다수는 하루의 특정한 시간 내지 한 해의 특정한 계절과 관계가 있다. 예컨대 저녁과 아침, 혹은 오후가 되면, 기도를 바쳐야 한다. 신앙의 주요 주제는 시간의 영역에 있다. 우리는 이집트에서 탈출한 날을 기억하고, 이스라엘이 시내 광야에 섰던 날을 기억한다. 우리의 메시아 대망은 날들의 끝에 있는 한 날에 대한 대망이다.

잘 만들어진 예술품에는 걸출한 사상이 담겨 있게 마련이다. 그러한 사상은 아무렇게나 소개되는 것이 아니라 공식적인 의전에 등장하는 임금처럼 그 권위와 지도력을 빛내 줄 순간과 방식을 빌어 제시된다. 성서에 쓰인 단어들, 특히 불기둥처럼 성서적 의미 세계의 원대한 체계 안에서 길을 안내하는 단어들은 대단히 신중하게 사용되었다.

성서에서 가장 이채를 띠는 단어 가운데 하나가 바로 카도쉬 (*qadosh*)다. 카도쉬는 "거룩한"이라는 뜻을 지니고 있다. 그것만큼 신성의 신비와 위엄을 잘 드러내는 말도 없을 것이다. 이 세계의 역사에서 최초의 거룩한 대상은 무엇이었는가? 산이었는가? 제단이었는가?

카도쉬라는 고귀한 단어는 창세기에서 단 한 번 사용되었다. 이 단어는 창조 이야기가 끝나는 대목에서 처음 사용되었다. "하나님께서 일곱째 날을 복되게 하시고 **거룩하게 하셨다**"[7]는 말씀에서 보듯이, 이 단어가 시간에 적용되었다는 것은 실로 의미심장한 사실이다. 창조 기록 속에는 공간 속의 어떤 대상이 거룩함의 특성을 부여받았다고 언급하는 대목이 없다.

이것은 기존의 종교적 사고방식과는 근본적으로 다른 것이다. 신화적 사고방식은 하나님이 천지를 창조하신 뒤에 성전을 세울 만한 성스러운 장소―성스러운 산, 성스러운 우물―를 창조하실 것이라고 기대했을 것이다. 하지만 성서에 가장 먼저 등장한 것은 **시간 속의 거룩함**, 곧 안식일이었다.

역사가 시작될 때, 이 세계에는 단 하나의 거룩함, 곧 시간 속의 거룩함만이 존재했다. 그러고 나서 하나님은 시내 산에서 말씀하시면서 **인간** 속의 거룩함을 요구하셨다. "너희는 내게 거룩한 백성이 될 것이다." 하나님이 **공간** 속의 거룩함, 곧 성막을 짓도록 명하신 것은 이스라엘 백성이 사물 숭배, 금송아지 숭배의 유혹에 굴복하고 난 뒤에 일어난 일이다.[8] 시간의 성스러움이 가장 먼저 왔고, 그 다음으로 인간의 성스러움이 왔으며, 공간의 성스러움은 가장 나중에 왔다. 시간을 성화하신 분은 하나님이었고, 공간 곧 성막을 성별한 이는 모세였다.[9]

축절이 시간 속에서 일어난 사건들을 기념하는 것이라면, 달력에 축절의 날로 지정된 그 달의 날짜는 자연 속에서 이루어지는 삶에 의해 정해진 것이다. 예컨대 유월절과 초막절은 보름달과 함께 시작된다. 그리고 모든 축절의 날짜는 저마다 어느 달의 한 날을 지정한 것이다. 달력에 있는 개개의 달은 자연의 영역에서 주기적으로 이루어지는 현상을 반영한 것이다. 유대력의 매달은 밤하늘에 초승달이 뜨면서 시작된다.[10] 반면에 안식일은 달력이나 천체의 달과는 아무 관계가 없다.[11] 안식일 날짜는 초승달처럼 자연 속에서 이루어지는 어떤 현상에 의해서 정해진 것이 아니라, 창조 행위에 의해서 정해진 것이다. 이와 같이 안식일의 정수는 공간의 세계와는 아무 관계가 없다.

안식일의 의의는 공간보다는 시간을 경축하는 데 있다. 우리는 한 주에 엿새 동안 공간의 사물이 부리는 압제를 받으며 살지만, 안식일이 되면 **시간 속의 거룩함**과 조화를 이루기 위해 힘쓴다. 안식일은 우리가 시간 속에 있는 영원한 것을 공유하고, 창조의 결과물에서 창조의 신비로, 창조의 세계에서 세계의 창조로 나아가라고 요구받는 날이다.

안식일 속에는
시간 속의 궁전을 지을 수 있는 영의 보석이 들어 있다.
그 속에서 인간은 하나님과 친해지고,
하나님을 닮은 것에 닿기를 갈망한다.

안식일의 거룩함으로 들어가고자 하는 사람은 먼저 속물근성, 곧 시
끌시끌한 홍정과 수고의 멍에를 내려놓아야 한다. 불협화음으로 소
란스러운 날들, 신경질을 부리며 맹렬히 타오르는 소유욕, 자신의 생
명을 배반하고 야금야금 갉아먹는 상태에서 벗어나야 한다. 손으로
하는 일에 작별을 고하고, 이 세계가 이미 창조되었으며 인간의 도움
이 없어도 살아남으리라는 것을 알아야 한다. 우리는 한 주에 엿새 동
안은 땅에서 이윤을 짜내며 이 세계와 씨름하지만, 안식일에는 영혼
속에 심겨진 영원의 씨앗을 각별히 보살핀다. 우리의 손은 이 세계에
속해 있지만, 우리의 영혼은 누군가 다른 분의 것이다. 우리는 한 주

에 엿새 동안 이 세계를 지배하기 위해 애쓰고, 이렛날에는 자기 자신을 다스리기 위해 힘쓴다.

유대인들이 안식일 노동 금지 법규를 엄격히 고수하는 것을 알고서 로마인들이 보인 반응은 경멸이었다. 유베날리스와 세네카 그리고 다른 로마 인사들은 안식일이야말로 유대인들이 얼마나 게으른지를 보여 주는 표지라고 주장했다.

알렉산드리아의 유대인들, 헬라어를 쓰는 유대인들의 대변자였던 필론은 안식일을 옹호하여 이렇게 말했다. "안식일 법규에는 안식일에 모든 일을 삼가야 한다고 되어 있다. 이는 게으름을 조장하려는 것이 아니다.……그 법규의 목적은 사람들을 끝없이 지속되는 수고에서 벗어나게 하고, 정기적인 휴식 제도로 그들의 육체를 재충전시켜 옛 일터로 돌아가게 하는 데 있다. 왜냐하면 일반인은 물론이고 운동선수들도 휴식을 취함으로써만 그들 배후에 있는 보다 강력한 힘으로 기력을 회복하여 그들 앞에 놓인 과제들을 신속하고 끈기 있게 수행할 수 있기 때문이다."[1]

그러나 안식일을 대하는 필론의 관점은 성서의 정신을 대변한 것이 아니라 아리스토텔레스의 정신을 대변한 것이다. 아리스토텔레스는 이렇게 말했다. "우리는 휴식이 필요하다. 왜냐하면 우리는 쉬지 않고 일할 수 있는 존재가 아니기 때문이다. 그러나 휴식은 목적이 아니다." 그에게 휴식은 "활동을 위해서" 존재하고, 새롭게 쓸 힘을 얻기 위해서 존재하는 것이다.[2] 그러나 성서적으로 사고하는 사람에게 노동은 목적을 향해 가는 수단일 뿐이다. 수고를 접고 쉬는 날인 안식일은 잃어버린 기력을 회복하기 위해 존재하는 날이 아니며, 앞으로 해야 할 일을 제대로 할 수 있는 상태가 되기 위해 존재하는 날도 아니다. 안식일은 생명을 위해 있는 날이다. 인간은 짐을 나르는 짐승이 아니며, 안식일은 그가 하는 일의 능률을 높이기 위해 있는 날이 아니다. "하나님이 창조하신 것 가운데 가장 마지막 작품이자 하나님이 의도하신 것 가운데 가장 첫 번째 작품(last in creation, first in intention)"[3]인 안식일이야말로 "천지창조의 목적"이다.[4]

안식일은 평일을 위해 있는 것이 아니다. 오히려 평일이 안식일을 위해 있는 것이다.[5] 안식일은 삶의 막간(幕間)이 아니라 삶의 절정이다.

하나님의 세 가지 행위야말로 일곱째 날의 의미였다. 그분은 이렛날에 쉬셨고, 이렛날을 복되게 하셨으며, 그날을 거룩한 날로 삼으셨다(창 2:2-3). 노동의 금지에 즐거운 강복(降福)과 거룩함의 강조가 추가되었다. 사람의 손만이 그날을 경축하는 것이 아니다. 혀와 영혼도 안식일을 경축한다. 우리는 평일에 이야기하는 것과 똑같은 방식으로 안식일에 이야기하지 않는다. 사업이나 노동에 대해서는 생각도 하지 말아야 한다.

노동이 하나의 기능이라면, 완전한 쉼은 하나의 예술이다. 완전한 쉼은 육체와 정신과 상상력의 조화로 이루어진다. 예술 분야에서 탁월한 수준에 이르려면 그 분야의 규율을 받아들여야 한다. 단연코 굼떠서는 안된다. 일곱째 날은 우리가 세우는 **시간 속의 궁전**이다. 그것은 영혼과 기쁨과 과묵함으로 이루어진다. 일곱째 날의 분위기에서, **자제**(abstentions)는 영원에 근접하고 있음을 상기시키는 자다. 실로, 그날을 빛내는 것은 자제라는 덕목이다. 이는 우리가 "하나님은 무엇인가?"를 말할 수 없고 "하나님은 무엇이 아닌가?"만을 말할 수 있다고 주장하는 **부정 신학**(negative theology)의 부정의 길(*via negationis*)을 통해서 하나님의 신비가 더 잘 전달되는 것과 같다. 궁전이 대단히 어설픈 전례들과 눈에 거슬리는 행위들로 이루어진다면, 그 궁전은 볼품없는 것이 되고 말 것이다. 소란스런 행위를 잠재우는 침

묵만이 영원의 어전(御前)에서 영광을 표현할 수 있다. 그러한 제한들은 궁전에서 여왕과 더불어 사는 법을 아는 자들에게만 노래를 알려 준다.

좀처럼 입에 올려지지 않고, 감동이 너무 깊어서 거의 표현되지 않는 어휘가 있는데, 그것이 바로 안식일 사랑(the love of the Sabbath)이라는 어휘다. 이 어휘는 우리의 문학 속에서 좀처럼 모습을 보이지 않지만, 그 감동만큼은 2천 년이 넘도록 우리의 노래와 음계를 가득 채워 왔다. 마치 모든 사람이 안식일을 사랑하기라도 했다는 듯이 말이다. 그 사랑의 정신은 극치에 이른 사랑의 본보기로 이해될 수 있을 뿐이다. 중세 기사들의 시가(詩歌)에서 볼 수 있듯이, "제일의 원칙은 사랑은 언제나 절대적이어야 하며, 연인의 모든 생각과 행동은 어떠한 경우에도 그가 가질 수 있는 최고의 감정이나 정서 혹은 환상과 일치해야 한다는 것이었다."

"음유시인(troubadour, 11–13세기에 프랑스 남부와 스페인 북부 그리고 이탈리아 북부에서 활동했던 서정시인―옮긴이)들과 그들의 여인들에게 사랑은 기쁨의 원천이었다. 사랑의 명령과 긴급 명령들이 삶의 가장 중요한 율법을 만들어 냈다. 사랑은 기사도의 의식(儀式)이었다. 그것은 충성과 헌신이자, 인간의 가장 숭고한 시여(施與) 행위였다. 또한 그것은 미덕의 원천이자 고상한 행위의 영감이었다."[6] 기사도 문화는 동경과 사랑이라는 낭만적 개념을 만들어 냈다. 그 개념은 지금도 신화 및 열정과 결합되어 서양 문학과 서양인들의 마음을 지배하고 있다. 유대인들은 안식일에 대한 사랑, 한 날에 대한 사랑, 시간의 형식을 입은 영에 대한 사랑을 만들어 냄으로써 사랑이라는 관념을 형성하는 데 이바지했다.

무엇이 그토록 한 날을 빛나게 하는가? 무엇이 그토록 고귀하여 마음을 사로잡는가? 일곱째 날은 광산과 같다. 그 속에는 시간 속의 궁전을 지을 수 있는 영의 보석이 들어 있다. 그 속에서 인간은 하나님과 친해지고, 하나님을 닮은 것에 닿기를 갈망한다.

하나님을 닮은 것은 어디에서 발견되는가? 공간은 하나님과 공통되는 것을 가지고 있지 않다. 산꼭대기에는 자유가 충분치 못하고, 고요한 바다 속에는 영광이 충분치 못하다. 하나님을 닮은 것은 시간 속에서 찾을 수 있다. 시간은 변장한 영원이다.

안식일을 지키는 것은 시간이라는 화폭 위에 신비하고 장엄한 창조의 절정을 그리는 것과 같다. 하나님께서 일곱째 날을 거룩하게 하셨으니, 우리도 그래야 한다. 안식일을 사랑하는 것은 사람이 하나님과 공유하고 있는 것을 사랑하는 것이다. 우리의 안식일 준수는 하나님께서 일곱째 날을 거룩하게 하셨다는 사실을 부연 설명하는 행위다.

안식일이 없으면 세계가 어떻게 될까? 자기만 알거나, 사물로 뒤바뀐 하나님만 알거나, 하나님을 세계로부터 분리시키는 심연만 아는 세계가 되고 말 것이다. 그 세계에는 시간 속으로 열려 있는 영원의 창이 없다.

아무리 이상화해도, 안식일 관념은 옛날이야기로 전락할 위험이 없다. 아무리 낭만적으로 이상화해도, 안식일은 구체적인 사실, 적법한 제도와 사회적 규칙으로 남게 마련이다. 안식일 정신은 현실과 동떨어진 것이 될 위험이 없다. 왜냐하면 안식일 정신은 실제적인 행위, 분명한 행동, 자제와 더불어 조화를 이루어야 하기 때문이다. 살아 있는 사람 안에서 육체와 영혼이 하나이듯이, 실제적인 것과 영적인 것도 하나다. 율법이 존재하는 것은 길을 깨끗이 하기 위함이고, 영혼이 존재하는 것은 영을 감지하기 위함이다.

고대 랍비들은 이것을 절감했다. 곧, 안식일은 인간의 주의력과 섬김을 요구하고, 온전한 사랑의 한결같은 헌신을 요구한다는 것이다. 그와 같은 개념의 논리 때문에 그들은 율법과 율례의 체계를 끊임없이 보완하지 않으면 안되었다. 그들은 인간의 본성을 고상하게 하여, 고귀한 날을 마주할 수 있게 하고자 했다.

하지만 율법과 사랑, 규율과 기쁨이 늘 조화를 이룬 것은 아니었다. 자신들이 안식일의 정신을 훼손하면 어쩌나 저어하면서, 고대의 랍비들은 수준 높은 사람이라면 능히 도달할 수 있지만 가끔은 보통 사람도 도달할 수 있을 정도의 안식일 규례를 제정했다.

랍비들은 안식일을 영화롭게 하고 엄격한 준수를 강조하기는 했어도 율법을 신격화하지는 않았다. "안식일이 그대에게 주어진 것이지, 그대가 안식일에게 주어진 것이 아니다."[7] 고대의 랍비들은 지나친 경건이 안식일 계명의 본질을 구현하는 데 지장을 줄 수도 있음을 알고 있었다.[8] "토라에 의하면, 사람의 목숨을 지키는 것보다 더 중요한 일은 없다. 조금이라도 생명이 위태로울 때는 모든 금지 계명을 무시해도 된다."[9] **사람을 위해** 미츠봇(*mitzvot*, 계명)을 희생시켜야지 "**미츠봇을 위해**" 사람을 희생시켜서는 안된다. "이 세상에 있는 이스

라엘과 내세의 이스라엘에게 생명을 주는 것"이야말로 토라의 목적이다.[10]

부단한 금욕생활도 안식일의 정신을 심하게 꺾을 수 있지만, 경거망동은 안식일의 정신을 아예 말살하고 만다. 창으로는 보석을 세공할 수 없고, 보습으로는 뇌를 수술할 수 없다. 안식일은 기분 전환이나 쓸데없는 짓, 불꽃놀이나 재주넘기를 하는 날이 아니다. 안식일은 갈가리 찢어진 삶을 수선하고, 시간을 낭비하는 것이 아니라 집중하는 날이다. 존엄성을 상실한 노동은 불행의 원인이고, 정신이 없는 휴식은 타락의 원천이다. 실로, 금지 조항들이 있었기에 안식일의 위엄은 천박해지는 것을 면할 수 있었다.

로마인들은 두 가지 것을 몹시 갈망했는데, 하나는 빵이고, 다른 하나는 원형 경기장에서 치러지는 경기였다.[11] 하지만 인간은 빵과 그런 경기만으로 사는 것이 아니다. 누가 있어 인간에게 안식일의 영을 갈망하는 법을 가르칠 것인가?

안식일은 인류가 하나님의 보물 창고에서 받은 가장 값진 선물이다. 우리는 한 주 내내 "영(靈)이 너무 멀리 있고, 우리는 영의 부재로 인해 죽어 가고 있다"고 생각하거나, 기껏해야 "조금이라도 좋으니 우리에게 당신의 영을 보내주소서" 하고 기도한다. 안식일에는 영이 일어서서 "내게서 온갖 뛰어난 것을 받으라!……" 하고 호소한다.

하지만 영이 제공하는 것은 우리의 저속한 마음이 범접하기에는 너무 존엄한 경우가 종종 있다. 영감이야말로 안식일의 뿌리이자 안식일의 의미이건만, 우리는 그날의 영감은 놓쳐 버린 채 안락함과 휴식만을 받아들인다. 그런 이유로 우리는 기도하면서 깨달음을 구한다.

주님의 자녀로 하여금 안식은 주님에게서 오는 것이며, 안식이야말로 주님의 이름을 거룩하게 하는 길임을 깨달아 알게 하소서.[12]

안식일을 준수하는 것은 시간이라는 영적인 나라, 시간이라는 경이로운 나라에서 한 날의 대관식을 경축하는 것이자, "그날을 기쁜 날이라고 부르면서" 우리가 들이마시는 공기를 예찬하는 것이다.

안식일을 기쁜 날이라고 불러라.[13] 그날은 영혼과 육체 모두에게 기쁜 날이다. 안식일에 하지 말아야 할 행위가 너무 많은 까닭에 "너희는 내(하나님)가 너희를 불쾌하게 하기 위해 안식일을 주었다고 생각할 것이다. 하지만 나는 오로지 너희를 즐겁게 하기 위해 안식일을 주었다." 안식일을 거룩하게 지키라는 말은 우리의 기분을 상하게 하라는 뜻이 아니다. 그것은 마음과 영혼과 모든 감각을 다하여 그날을 거룩하게 하라는 뜻이다. "고르고 고른 식사와 아름다운 의복으로 안식일을 거룩하게 하고, 너희 영혼을 기쁨으로 즐겁게 하여라. 그러면 내(하나님)가 그 기쁨에 대한 보상을 너희에게 주겠다."[14]

속죄일과 달리, 안식일은 영적인 목적을 위해서만 봉헌된 것이 아니다. 그날은 영혼의 날이기도 하지만 육체의 날이기도 하다. 위로와 기쁨이야말로 안식일을 구성하는 필수 요소다. 인간의 모든 지체와 모든 기능이 안식일의 복락을 나눠 가져야 한다.

일찍이 한 왕자가 포로로 잡혀가 무례하고 무식한 사람들 사이에서 이름을 감춘 채 살아야 했다. 세월이 흐를수록 그는 부왕과 고국을 그리워하는 마음으로 야위어 갔다. 그러던 어느 날, 비밀 서신이 그에게 당도했다. 그 속에는 그의 아버지가 그를 왕궁으로 데려갈 테니 왕자로서 갖추어야 할 법도를 잊지 말라는 당부가 담겨 있었다. 왕자의 기쁨은 이루 말할 수 없이 컸다. 그는 그날을 축하하고 싶었다. 하지만 어느 누구도 혼자서는 축하할 수 없는 법이다. 그래서 그는 사람들을 그 고장의 주막으로 초대하여, 그들 모두에게 넉넉한 음식과 술을 대접했다. 성대한 잔치였다. 모든 참석자가 즐거워했다. 손님들은 술이 있어서 즐거웠고, 왕자는 왕궁으로 돌아갈 수 있게 되어 즐거웠다.[15] 영혼은 혼자서 축하하지 못한다. 육체도 초대되어 안식일의 즐거움에 참여해야 한다.

"안식일은 두 세계, 곧 현세와 내세를 생각나게 한다. 안식일은 두 세계의 모범이다. 왜냐하면 안식일은 기쁨, 거룩함, 안식이기 때문이다. 기쁨은 현세의 일부이고, 거룩함과 안식은 내세와 관계가 있다."[16]

안식일 준수는 그저 하나님의 명령을 엄격하게 따르거나 지키는 것을 의미하지 않는다. 안식일을 준수하는 것은 세계 창조를 경축하고, 일곱째 날, 시간 속에 있는 거룩한 왕, "안식의 날, 자유의 날", "다른 모든 날의 주인이자 임금"[17]인 한 날, 시간이라는 나라의 주인이자 임금인 한 날을 또다시 창조하는 것이다.

안식일과 평일의 차이를 어떻게 생각해야 할까? 수요일 같은 한 날이 다가오면, 그날의 시간들은 공백 상태와 같다. 우리가 그 시간들에다 의미를 부여하지 않으면, 그 시간들은 아무 특징이 없다. 그러나 일곱째 날의 시간들은 심장한 의미를 담고 있다. 그 어떤 일도 그 시간들의 심장한 의미와 아름다움을 쥐락펴락할 수 없다. 우리가 창출하는 이익이나 우리가 달성하는 진보도 그 시간들의 의미와 아름다움을 좌지우지할 수 없다. 그 시간들은 장엄한 아름다움을 지니고 있다.

> 장엄한 아름다움, 승리의 면류관, 안식과 거룩함의 날, 사랑과 관용으로 이루어진 안식, 참되고 진정한 안식, 평화와 고요를 가져오는 안식, 평온과 안전을 주는 안식, 완전한 안식 — **당신께서는 이 모든 것을 기뻐하십니다.**[18]

시간은 황무지와 같다. 그것에게는 장엄함은 있으나 아름다움이 없다. 그것의 낯설고 소름 끼치는 힘은 언제나 공포의 대상일 뿐 좀처럼 갈채를 받지 못한다. 그러다가 우리는 일곱째 날에 이른다. 안식일은 영혼을 황홀하게 하는 복을 타고났다. 그것은 치료하는 동정과 함께 우리의 사고 속으로 미끄러져 들어온다. 그날은 시간들이 서로를 내치지 않는 날이다. 그날은 모든 슬픔이 싹 가시는 날이다.

무식한 사람이든 거친 성격의 사람이든, 누구도 그날의 아름다움에 무감각할 수 없다. "무식한 사람조차 그날을 경외한다."[19] 고대의 랍비들은 신성한 안식일에 거짓말을 하는 것은 사실상 불가능한 일이라고 생각했다.

"안식일"(Sabbath)이라는 단어의 뜻은 무엇인가? 몇몇 사람은 안식일이라는 단어가 하나님의 이름이라고 말한다.[20] "안식일"(*Shabbat*)이라는 단어가 하나님의 이름인 까닭에, 우리는 토라의 언급이 금지된 불결한 곳에서 그 단어를 입 밖에 내서는 안된다. 어떤 사람들은 그 단어를 함부로 쓰지 않고자 조심했다.[21]

안식일은 시간 속의 궁전과 같다. 그것은 하나의 날짜가 아니라 하나의 분위기다.

그것은 특이한 의식(意識) 상태가 아니라 색다른 분위기다. 안식일은 모든 사물의 모습이 다소 바뀐 것처럼 보이는 날이다. 가장 먼저 깨닫게 되는 사실은 안식일이 우리 안에 있는 것이 아니라 우리가 안식일 속에 있다는 것이다. 우리는 우리의 이해가 옳은지 그른지, 우리의 감정이 고귀한지 그렇지 않은지 알지 못한다. 다만 우리가 돕거나 눈여겨보아 주지 않아도 땅을 덮는 봄기운처럼, 그날의 분위기가 우리를 둘러싸고 있음을 알 뿐이다.

일찍이 한 랍비가 자기의 벗에게 이렇게 말했다. "초막절은 얼마나 고귀한가! 초막 속에 머물면, 우리의 육체까지도 신성한 미츠바(*Mitzvah*, 계명−옮긴이)에 둘러싸인다네." 그러자 벗이 그 랍비에게 말했다. "그보다 더 고귀한 것이 안식일이라네. 초막절에 자네는 초막을 잠시라도 떠날 수 있지만, 안식일은 자네가 어디로 가든 자네를 에워싼다네."

사물의 물리적인 구조, 사물의 공간적인 차원에서는 안식일과 평일의 차이를 알 수 없다. 안식일에도 사물은 변하지 않는다. 안식일과 평일의 차이는 시간의 차원, 우주와 하나님의 관계 속에서만 존재한다. 창조보다 우위에 있으면서 창조를 완성한 것이 바로 안식일이다. 안식일은 이 세계가 경험할 수 있는 영의 전부다.

안식일은 영혼을 고귀하게 하고 육체를 슬기롭게 하는 날이다. 아래의 이야기가 그 점을 설명하고 있다.

일찍이 한 랍비가 박해자에 의해 동굴에 감금되었다. 동굴은 빛한 줄기 비쳐 들지 않는 곳이었다. 그는 낮이 되었는지 밤이 되었는지 알 수 없었다. 그는 젊었을 때부터 노래와 기도로 안식일을 경축해 왔는데, 이제 그 일을 하지 못하게 되었다고 생각하니 가슴이 미어졌다. 게다가 담배를 피우고 싶은, 거의 억누를 수 없는 욕구가 엄청난 고통을 안겨 주었다. 그는 그 욕구를 다스리지 못하는 것이 괴롭고 한심스러웠다. 그런데 갑자기 그 욕구가 사라진 것을 느꼈다. 그의 내면에서 한 음성이 들렸다. "지금은 금요일 저녁이다! 왜냐하면 안식일에 해서는 안되는 것에 대한 나의 갈망이 정기적으로 사라지던 때가 바로 그때이기 때문이다." 그는 기쁜 마음에 벌떡 일어서서 하나님께 감사하고 안식일을 경축했다. 매주 같은 일이 벌어졌다. 담배를 피우고 싶은 고통스러운 욕구가 안식일이 다가올 때마다 정기적으로 사라졌던 것이다.[22]

고통을 참고 고상하게 사는 것이야말로 삶에 주어지는 최고의 보상 가운데 하나이자, 힘과 영감의 원천이기도 하다. 평일의 노동과 일곱째 날의 안식은 상관성을 가지고 있다. 안식일이 영감을 주는 쪽이라면, 평일은 영감을 받는 쪽이다.

"하나님이 그가 하시던 일을 **일곱째 날에 마치시니**"(창 2:2)라는 표현은 수수께끼 같아 보인다. "**일곱째 날에 쉬셨다**"고 하지 않았는가? 또한 "주께서 **엿새** 동안 천지를 창조하셨다"(출 20:11)고 하지 않았는가? 분명히 우리는 하나님이 엿샛날에 자신의 일을 마치셨다고 성서가 말해 주기를 바랄 것이다. 분명히 고대의 랍비들은 일곱째 날에 또 하나의 창조 행위가 있었다고 결론지었다. 엿새 동안 천지가 창조되었듯이, 일곱째 날에 **메누하**(*menuba*, 안식―옮긴이)가 창조되었다.

"엿새 동안 창조가 이루어진 뒤에 우주에 무엇이 없었는가? 메누하가 없었다. 안식일이 되자 메누하가 왔다. 그리하여 우주가 완전해졌다."[23]

보통 "휴식"으로 풀이되는 메누하에는 노동과 수고를 그만두는 것 이상의 의미, 힘든 일과 피로와 여하한 종류의 활동에서 벗어나는 것 이상의 의미가 들어 있다. 메누하는 부정적인 개념이 아니라 실질적인 무엇, 본질적으로 적극적인 무엇이다. 이것은 고대 랍비들의 관점이었음에 틀림없다. 그들은 메누하가 특별한 창조 행위를 낳았고, 그것이 없이는 우주가 완성되지 못했을 것이라고 생각했다.

"일곱째 날에는 무엇이 창조되었는가? **평온, 고요, 평화** 그리고 **휴식**."[24]

성서적으로 사고하는 사람에게 메누하는 행복,[25] 고요, 평화, 조화와 같은 것이다. 욥이 자신이 바라는 사후 상태를 기술하면서 사용한 단어는 메누하와 어원이 같다. 그것은 사람이 조용히 누워 있는 상태, 악한 사람이 더 이상 말썽을 부리지 않는 상태, 피로에 지친 사람이 휴식하고 있는 상태다.[26] 그것은 투쟁이나 싸움이나 두려움이나 불신이 없는 상태다. 메누하야말로 선한 삶의 요체다. "주님은 나의 목자시니, 내게 아쉬움 없어라. 나를 푸른 풀밭에 누이시며 쉴 만한 물가(the waters of *menuhot*)로 인도하신다."[27] 후대에 이르러 메누하는 내세에 있을 삶의 동의어, 영생의 동의어가 되었다.[28]

우리는 한 주에 엿새 동안 저녁을 맞이할 때마다 "우리의 출입을 지켜 주소서"라고 기도하고, 안식일 저녁에는 "당신의 평화의 장막으로 우리를 감싸주소서"라고 기도한다. 회당에서 집으로 돌아온 다음에는 이렇게 노래한다.

평화의 천사들이여,
그대들에게 평화가 있기를.[29]

일곱째 날은 노래도 부른다. 예로부터 전해 오는 비유담은 이렇게 주장한다. "아담은 안식일의 위엄, 안식일의 위대함과 장엄함, 그리고 안식일이 만물에게 베푸는 기쁨을 보고 나서 마치 **안식일에게 감사하기라도** 한다는 듯이 안식일을 위해 찬양의 노래를 불렀다. 그러자 하나님께서 그에게 말씀하셨다. '너는 안식일을 위해서는 찬양의 노래를 부르면서 어찌하여 안식일의 하나님인 나를 위해서는 노래 부르지 않느냐?' 그 즉시 안식일이 자리를 박차고 일어나 하나님 앞에 엎드리고서 노래를 불렀다. '**주님께 감사함**이 선한 일입니다.' 그러자 모든 피조물이 '오, 지극히 높으신 이여, 당신의 이름을 찬미하나이다'라고 하였다."[30]

"천사는 날개가 여섯이다. 날마다 날개 하나씩 가지고 노래를 부른다. 그러나 안식일이 되면 천사는 입을 다문다. 그때 하나님을 찬미하도록 되어 있는 것은 안식일이기 때문이다."[31] 모든 피조물을 부추겨 주님을 찬미하게 하는 것도 안식일이다. 안식일 아침 예식서에는 아래와 같은 내용이 들어 있다.

일곱째 날에 모든 활동을 멈추시고,

영광의 보좌에 오르신 하나님께.

그분께서 안식의 날을 아름답게 치장하시고

안식일을 기쁜 날이라고 부르셨다.

이것은 하나님께서 일을 쉬신 날,

곧 안식일이 부르는 노래이며 찬양이다.

안식일 자체가 찬양하고 있다.

안식일이 노래한다.

"주님께 감사함이 선한 일입니다!"

그러자 하나님의 모든 피조물이 그분을 찬미한다.

안식일은 만물에게 누구를 찬양해야 하는지를 가르친다.

이 날은 인간과 세계의 조화를 깊이 자각하는 날이며,
만물에게 동정심을 품고 아래 있는 것과 위에 있는 것을
하나 되게 하는 분위기에 참여하는 날이다.

기술 문명은 노동의 산물이자 인간이 이익을 얻고 상품을 생산하기
위해 힘을 기울여 거둔 소산이다. 그것은 자연 속에서 얻은 것에 만족
하지 못하는 인간이 자신의 안전을 강화하고 자신의 안락한 삶을 증
진하기 위해 자연의 힘과 맞서 싸우면서 시작되었다. 성서의 표현을
차용해서 말하면, 문명의 소임은 땅을 정복하고 짐승을 지배하는 것
이다.

　우리는 자연과의 싸움에서 수많은 승리를 거두었고, 다양한 도구
를 고안하는 데 성공했으며, 수많은 생필품을 생산할 수 있게 되었다
는 사실에 뿌듯함을 느끼고는 한다. 하지만 우리가 거둔 승리는 패배

나 다름없게 되고 말았다. 승리했음에도 불구하고, 우리는 손수 만든 제품들의 노예가 되고 말았다. 우리가 정복한 세력이 우리를 정복한 것처럼 보인다.

우리의 문명은 많은 사람이 생각하는 것처럼 재앙으로 이어진 길인가? 문명은 본래 사악한 것인가? 문명은 우리가 거부하고 저주해야 할 대상인가? 유대인이 걷는 신앙의 길은 이 세계를 벗어나는 길이 아니라 이 세계 안에서 이 세계를 넘어서는 길이며, 문명을 거부하는 길이 아니라 문명을 넘어서는 길이다. 안식일은 문명을 **뛰어넘는** 기술을 배우는 날이다.

하나님이 아담을 에덴동산에 두신 것은 그로 하여금 "에덴동산을 아름답게 꾸미고 돌보게 하기"(창 2:15) 위해서였다. 노동이 인간의 운명인 것만은 아니다. 노동은 신적인 존엄성을 부여받았다. 하지만 아담은 지식의 나무 열매를 따 먹고 나서 노동하도록 정해졌음은 물론이고 고생하지 않으면 안되도록 저주를 받았다. "너는 죽는 날까지 고생해야만 먹고 살리라"(창 3:17). 노동은 복이고, 고생은 인간의 불행이다.

일을 삼가는 날인 안식일은 노동의 가치를 경시하지 않는다. 오히려 안식일은 노동의 가치를 긍정한다. 안식일은 노동의 존엄성을 신성하게 고양시킨다. "너희는 일곱째 날에 노동을 삼가라!"는 명령은 "너희는 **엿새 동안 모든 일을 힘써 하라!**"는 명령의 속편이다.[1]

"너희는 엿새 동안 모든 일을 힘써 하여라. 그러나 일곱째 날은 주 너희 하나님의 안식일이다." 우리는 안식일을 지키라는 명령을 받았을 뿐 아니라 일하라는 명령도 받았다.[2] "일을 사랑하라……."[3] 이렛날에 일을 삼갈 의무가 그러하듯이, 엿새 동안 일할 의무도 하나님이 인간과 맺으신 언약의 일부다.[4]

자유를 위해 떼어 놓은 한 주의 한 날, 곧잘 파괴의 무기로 둔갑하는 도구들을 사용하지 않는 날, 자신을 돌아보는 날, 속된 것을 멀리하는 날, 형식적인 의무에서 벗어나는 날, 기술 문명의 우상들을 숭배하지 않는 날, 돈을 쓰지 않는 날, 이익을 얻고자 동료 인간 및 자연 세력과 싸우다가 휴전하는 날, 그날이 바로 안식일이다. 안식일만큼 인간의 진보에 큰 희망을 주는 제도가 있는가?

인간의 가장 성가신 문제를 푸는 해법은 기술 문명을 포기하는 데 있는 것이 아니라, 기술 문명으로부터 어느 정도 독립성을 획득하는 데 있다.

외부의 사물들, 눈에 보이는 재산에 대하여 우리가 가져야 할 적절한 마음가짐은 한 가지뿐이다. 그것은 사물들과 재산을 소유하되 그것들 없이도 살 수 있다는 마음가짐이다. 말하자면, 안식일만이라도 **기술 문명으로부터 독립하여** 사는 것이다. 안식일에 우리는 공간의 사물을 개조하려고 하는 모든 행위를 삼간다. 자연을 정복하는 인간의 왕 같은 특권은 일곱째 날에 중단된다.

안식일에 하지 말아야 할 노동에는 어떤 것들이 있는가? 고대 랍비들은 광야에 성소를 세우거나 성소를 짓는 데 필요한 활동조차 안식일에는 안된다고 말한다.[5] 안식일이야말로 우리가 세운 성소, 곧 **시간 속의 성소**인 까닭이다.

경쟁하거나 인생의 부침(浮沈)에 시달리는 것과, 가만히 멈춰 서서 영원한 순간의 현존을 알아채는 것은 별개의 것이다.

일곱째 날은 생존을 위해 벌이던 잔혹한 싸움을 일시적으로 그치고, 개인적 갈등이든 사회적 갈등이든 모든 갈등 행위를 멈추는 날이다. 또한 일곱째 날은, 사람과 사람 사이 그리고 사람과 자연 사이에 평화를 이루고 사람의 내면에 평화를 이루는 날이다. 그날은 화폐 사용을 신성모독으로 여기고, 세계 최고의 우상인 돈으로부터 독립하겠다고 맹세하는 날이다. 일곱째 날은 긴장으로부터 탈출하는 날, 사람이 진창 같은 삶에서 해방되어 시간이라는 세계의 군주로 취임하는 날이다.

광포한 시간의 대양, 격렬한 수고의 대양 한가운데 고요의 섬이 떠 있다. 우리는 그 섬의 항구로 들어가서 자신의 존엄성을 회복한다. 그 섬은 일곱째 날이자 안식일이며, 사물과 도구와 실용적인 업무에서 벗어나 영을 사모하는 날이다.

우리는 안식일의 모든 시간을 "매혹, 은총, 평화, 사랑 속에서" 보내야 한다. "왜냐하면 안식일에는 지옥에 있는 악인조차 평화를 얻기 때문이다." 안식일에 화를 내는 것은 죄를 갑절로 짓는 것이다. "안식일에는 너희의 모든 처소에서 불도 피우지 말지니라"(출 35:3). 이 구절의 의미는 다음과 같이 해석된다. "너희는 논쟁의 불을 지펴서도 안되고, 화를 내어서도 안된다."[6] 안식일에 우리는 어떠한 불도 지펴서는 안된다. 의분(義憤)이라는 불조차 지펴서는 안된다.

우리는 하루하루 분투하면서 그날들의 추악함에 마음 아파하다가, 우리의 고국이자 근원이며 목적지인 안식일로 눈을 돌린다. 안식일은 우리가 천박하게 추구하던 것들을 버리고 우리의 진정한 모습을 회복하는 날, 우리가 배운 사람이든 못 배운 사람이든 성공자든 실패자든 개의치 않고 본연의 자신이 되는 복에 참여하는 날이다. 이날은 사회적 지위와 무관한 날이다.

우리는 부유하든 가난하든, 직업에 성공했든 실패했든, 목표를 달성했든 미달했든 간에 한 주 내내 노심초사한다. 하지만 영원의 빛줄기를 희미하게나마 보는 사람은 고뇌를 느낄 수 없다. 그저 자신이 그토록 고뇌한 것이 얼마나 헛된 것인지를 알고 놀랄 뿐이다.

안식일은 걱정하거나 근심하는 날이 아니며, 즐거운 기분을 떨어뜨리는 어떤 활동도 하지 않는 날이다. 안식일은 죄를 떠올리고 고백하고 뉘우치는 날이 아니다. 안식일은 우리가 필요로 하는 위안이나 무언가를 달라고 청하는 날도 아니다. 이날은 찬양하는 날이지 요청하는 날이 아니다. 안식일에는 금식, 애도(哀悼), 슬픔의 표시를 해서도 안된다. 상중(喪中)이라도 안식일에는 잠시 멈추어야 한다. 안식일에 병자를 방문하는 사람은 이렇게 말해야 한다. "오늘은 안식일이니 불평해서는 안됩니다. 곧 낫게 될 것입니다."[7] 안식일에는 수고와 피로를 삼가야 한다. 심지어 피로를 느낄 만큼 하나님을 섬기는 행위

도 삼가야 한다.[8]

안식일에는 어찌하여 18개의 축원문(the Eighteen Benedictions, 유대인들이 날마다 암송하는 기도문—옮긴이)을 암송하지 않는가? 왜냐하면 안식일은 하나님께서 우리의 기쁨과 즐거움과 안식을 위해 주신 날이기 때문이다. 안식일은 슬픔이나 탄식에 의해 훼손되어서는 안된다. 집안에 병자가 있으면, 우리는 그 사실을 떠올려 "병자를 고치소서"라는 축원문을 암송할 것이고, 그러면 안식일의 분위기는 이내 슬픔과 침울함에 젖어 들고 말 것이다. 우리가 안식일의 은총 속에서 식사를 마치고 "우리가 안식하는 날에는 슬픔이나 고통이 없게 하소서"[9]라고 기도하는 것은 그 때문이다. 안식일에 슬퍼하는 것은 또 하나의 죄를 짓는 것이다.[10]

안식일은 조화와 평화를 이루는 날이다. 사람과 사람 사이에 평화를 이루고, 인간 내면에 평화를 이루며, 만물과 평화를 이루는 날이다. 일곱째 날에 인간은 하나님이 지으신 세계를 주무르거나 물리적인 사물의 상태를 변경할 권리가 없다. 이날은 **사람과 동물** 모두가 안식하는 날이다.

안식일에 너희는 어떤 일도 해서는 안된다. 너나 네 아들이나 딸이나 너희 남종이나 여종뿐만 아니라, 너희의 소나 나귀나 그밖에 모든 집 짐승이나 너희의 집안에 머무르는 식객이라도, 일을 해서는 안된다. 너희의 남종이나 여종도 너와 똑같이 쉬게 하여야 한다.[11]

옛날에 라돔스크의 랍비 솔로몬이 어떤 성읍에 이르렀다. 그는 유명한 랍비 엘리멜렉을 아는 여인이 그곳에 살고 있다는 것을 들어 알고 있었다. 그 여인은 너무 늙어서 문밖을 출입하지 못했다. 그래서 그가 그녀를 찾아가서 위대한 스승에 대해 알고 있는 것을 이야기해 달라고 부탁했다.

"저는 그분의 집 부엌에서 일하는 여러 하녀 가운데 하나였습니다. 그래서 저는 그분의 방에서 무슨 일이 일어나고 있었는지 모릅니다. 제가 당신에게 말씀드릴 수 있는 것은 한 가지뿐입니다. 늘 있는 일이지만, 하녀들은 한 주 내내 옥신각신했습니다. 그러다가 매주 안식일이 시작되기 직전의 금요일이 되면, 부엌의 분위기가 속죄일 전야의 분위기로 바뀌었습니다. 너나없이 서로 용서를 구하는 충동에 이끌렸습니다. 우리는 모두 애정의 감정과 내적 평화의 감정에 사로

잡혔습니다."[12]

안식일은 정전(停戰) 이상의 날, 막간(幕間) 이상의 날이다. 이날은 인간과 세계의 조화를 깊이 자각하는 날이며, 만물에게 동정심을 품고 아래 있는 것과 위에 있는 것을 하나 되게 하는 분위기에 참여하는 날이다. 이 세계에 있는 모든 신성한 것이 하나님과 하나가 되는 날, 그것이 바로 안식일이다. 안식일이야말로 우주의 진정한 행복이다.

"너희는 엿새 동안 모든 일을 힘써 하여라"(출 20:9). 사람이 엿새 동안 자신의 모든 일을 하는 것이 가능한 일인가? 우리가 하는 일은 늘 미완의 상태로 머물지 않는가? 앞에 인용한 구절이 전하고자 하는 뜻은 이것이다. 곧, "안식일에는 너희 모든 일이 완성되었다는 듯이 안식하라"는 것이다. 달리 해석하면, "노동에 대한 생각조차 하지 말라"는 것이다.[13]

한번은 한 경건한 사람이 안식일에 자신의 포도원을 거닐다가 울타리가 터져 있는 것을 보게 되었다. 그는 안식일이 끝나면 그것을 고치리라 마음먹었다. 그러나 안식일이 종료됨과 동시에 그는 이렇게 결심했다. "울타리를 고칠 생각이 안식일에 떠올랐으니 그것을 절대로 고치지 않으리라."[14]

시간을 공간과 맞바꾸는 자가
영원을 획득하는 것이 아니라,
자신의 시간을 영으로 채울 줄 아는 자가
영원을 획득한다.

고대의 논쟁을 우화로 풀어 보자.

때: 130년경.

곳: 팔레스타인.

등장인물: 세 사람의 권위 있는 학자와 한 사람의 문외한. 당시 팔레스타인과 등장인물들은 로마 제국의 지배를 받고 있었다.

랍비 유다 벤 일라이(Judah ben Ilai), 랍비 요세(Jose), 랍비 시므온 벤 요하이(Shimeon ben Yohai)가 함께 앉았는데, 유다 벤 게림(Judah ben Gerim)이라는 사람도 그 자리에 함께했다.

랍비 유다가 토론을 시작하면서 말했다.

"로마인들의 업적은 얼마나 대단한가! 그들은 도로와 시장을 건설하고, 다리도 세우고, 목욕탕도 지었네."

랍비 요세는 아무 말도 하지 않았다.

그러자 랍비 시므온 벤 요하이가 대답하며 말했다.

"그들이 만든 것은 모두 그들 자신을 위한 것이네. 그들이 도로와 시장을 건설한 것은 그곳에 창녀들을 두기 위해서고, 다리를 놓은 것은 통행세를 거두기 위해서며, 목욕탕을 지은 것은 그들의 육체를 즐겁게 하기 위해서일세."

유다 벤 게림이 집으로 돌아가 자기가 들은 모든 내용을 어머니와 아버지에게 전했다. 그 소문이 두루 퍼져 로마 정부의 귀에까지 닿았다. 로마 정부가 이런 포고를 내렸다.

"유다는 우리를 예찬했으니 칭찬을 받을 것이다. 요세는 입을 다물었으니 추방당할 것이다. 시므온은 우리를 욕했으니 처형을 당할 것이다."

랍비 시므온은 포고를 듣자마자 아들 랍비 엘레아자르를 데리고 배움의 집에 숨었다. 그의 아내가 날마다 찾아가 그에게 빵과 물을 몰래 전해 주었다. 랍비 시므온은 사람들이 자신들을 수색하여 체포하려 한다는 소식을 듣고 아들에게 이렇게 말했다.

"네 어머니를 믿고 있어서는 안된다. 그녀는 쉽게 설득당할 것이기 때문이다. 고문을 견디지 못하고 급기야 우리의 은신처를 불어 버릴지도 모른다."

그래서 그들은 들로 나가서 어느 동굴에 숨었다. 아무도 그들의 행적에 대해 알지 못했다. 그런데 기적이 일어났다. 동굴 안에서 쥐엄나무가 자라고 샘물이 솟아난 것이다. 그들은 먹을 것과 마실 것을 걱정하지 않아도 되었다. 그들은 옷을 벗고, 모래 속으로 들어가 목만 내놓고 똑바로 앉았다. 그러고는 온종일 토라를 연구했다. 기도할 시간이 되면 옷을 입고 기도했고, 그런 다음에는 다시 옷을 벗고 모래 속에 몸을 묻었다. 그들의 옷가지는 헤어지지 않았다. 그들은 그렇게 동굴 속에서 열두 해를 살았다.

열두 해가 지나사, 예언자 엘리야가 찾아와 동굴 입구에 서서 외쳤다.

"황제가 사망하고 그의 포고령도 폐기되었다는 소식을 누가 요하이의 아들 시므온에게 알려 줄꼬?"

그들은 그 말을 듣자마자 동굴에서 나왔다. 사람들이 밭을 갈고 파종하는 것이 보이자, 그들은 고함을 질렀다.

"이 사람들이 영생을 저버리고 덧없는 삶에만 골몰하는구나!"

그들의 눈길이 닿는 것은 무엇이나 그들의 눈에서 뿜어져 나오는 열기로 인해 재가 되고 말았다. 그러자 하늘에서 한 음성이 들렸다.

"너희가 나의 세계를 파멸시키려고 나온 것이냐? 너희 동굴로 돌아가거라!"

그들은 동굴로 돌아가서 열두 달을 살았다. 동굴에서 열두 달을 산 것은, 악인이 지옥에서 받는 형벌은 열두 달 동안만 지속된다고 그들이 말했기 때문이다.

열두 달이 지나자 하늘에서 한 음성이 들렸다.

"동굴을 떠나거라!"

그리하여 그들은 동굴에서 나왔다. 아들 엘레아자르가 상처를 내는 곳이면 어디든지 랍비 시므온이 고쳐 주었다. 랍비 시므온이 말했다.

"아들아, 우리 두 사람이 토라를 공부하는 것만으로도 이 세상에 족할 듯하구나."

그들이 동굴을 떠나던 때는 안식일 전날이었다. 그들이 동굴에서 나오는데, 한 노인이 낙원의 향기를 지닌 달콤한 냄새가 나는 약초 도금양 두 다발을 들고 나르는 중이었다.

"이것들은 어디에 쓰는 것인가요?"

그들이 물었다.

"안식일을 경축하는 데 쓴다오."

노인이 대답했다.

랍비 시므온이 아들에게 말했다.

"보아라. 하나님의 계명이 이스라엘에게 얼마나 고귀한지……."

바로 그 순간 그들은 영혼의 고요를 얻었다.[1]

속된 시대의 추잡함에 격분하여 공간 문명의 화려함을 예찬하지 않은 이 한 사람의 고요하고 고독한 이야기 속에는 많은 의미가 숨어 있다. 이 이야기는 랍비 시므온 벤 요하이와 그의 아들이 세상에 대하여 분노와 혐오를 느낀 나머지 세속적인 활동에 종사하는 사람들을 파멸하려 하다가 다시 세상과 화해하기까지의 과정을 상징적으로 묘사하고 있다. 그들을 격분시킨 것은, 역사가들이 흔히 생각하듯이,[2]

유대인들을 정복하고 박해한 세력에 대항하는 애국적 분개심만은 아니었다. 이야기가 전개되면서, 로마의 통치뿐만 아니라 로마의 문명도 문제가 되었음이 분명하게 드러난다. 그들이 동굴에서 열두 해를 살고 나자 논쟁의 범위가 더 넓어졌다. 이제는 특정 문명만이 아니라 모든 문명, 세속적인 삶의 가치까지도 문제가 되었다.

당시에 로마 제국은 영광의 절정에 있었다. 로마는 세계의 안주인이었고, 지중해의 모든 나라가 그 속국이었다. 로마의 교역로는 제국의 국경을 넘어서 북쪽으로는 스칸디나비아와 동쪽으로는 중국에까지 뻗어나갔다. 로마 문명은 기술면에서 고도의 경지에 달해 있었다. 행정, 토목, 건축 분야의 광범한 진보가 제국의 모든 지역에서 두드러지게 이루어졌다. 제국의 모든 지역을 공공 기념물로 치장하여 자기 시대의 화려함을 표현하는 것이야말로 제국 통치자들의 야심이었다. 여러 도시에 세워진 공공집회용 광장, 극장, 원형 경기장, 공중목욕탕, 수로(水路), 다리 등은 건축 기술의 경이가 되고는 했다.

로마 시는 영광에 둘러싸여 우뚝 솟아 있었다. 그 도시에서는 "사람들과 신들의 표정도 달라 보였다." 그 시대가 지난 후 여러 세대가 흘렀음에도 불구하고, 한 시인은 이렇게 단언할 정도였다. "신이라 해도 이보다 더 아름다운 것을 보여 주지 못했을 것이다. 어떤 눈도 로마의 광대함을 다 볼 수 없었고, 어떤 마음도 로마의 아름다움을 다 느낄 수 없었으며, 어떤 혀도 로마의 영광을 다 노래할 수 없었다."[3] 압도적인 규모의 콜로세움, 천장이 높이 치솟은 판테온 신전, 그리고 비할 데 없이 장대한 건축물이자 "신들마저 찬탄해 마지않던" 트라야누스 광장은 제국과 영원이 하나라는 것을 선포하는 것처럼 보였다. 고대인들은 기념물이 영원히 존속할 것이라고 생각하는 경향이 있었다.[4] 따라서 로마 시에 가장 귀한 별칭을 붙여 **영원한 도성**이라고 부른 것은 썩 어울리는 일이었다.[5] 제국은 예배의 대상, 곧 신이었고, 황제는 제국의 주권을 구체화함으로써 제국을 신격화했다.

저 위대한 제국의 위업에 감동받지 않기란 실로 어려운 일이었다. 온유하고 점잖은 랍비 유다 벤 일라이가 로마 제국이 여러 나라에 가져다 준 혜택을 인정하면서 "로마인들의 업적은 얼마나 대단한가! 그들은 도로와 시장을 건설하고, 다리도 세우고, 목욕탕도 지었네"라고 한 말에 반대하는 것도 어려운 일이었다. 하지만 랍비 시므온 벤 요하이에게는 로마 제국의 위업이 망측하고 혐오스럽고 불쾌한 것일 따름이었다. 그는 로마 문명의 타산적이고 실용적인 정신을 깔보았다.

그는 이 모든 휘황찬란한 건축물과 공공시설들이 사람들을 돕기 위해 지어진 것이 아니라 로마인들의 사악한 의도를 받들기 위해 지어진 것임을 알고 있었다. 그가 "그들이 만든 것은 모두 그들 자신을 위한 것이네"라고 말한 것은 그 때문이었다.[6]

랍비 시므온 벤 요하이는 문명 세계를 버리고 동굴 속의 모래더미에 몸을 묻고 목만 내 놓은 채 여러 해를 보냈다. 그는 "영생"을 얻기 위해 세속의 삶을 포기했던 것이다. 하지만 그것은 그의 박해자들이 보기에 무의미한 성취였다. 로마인 대다수에게 영원은 현세의 개념이었다. 그들은 영혼의 생존이 초현세적인 삶에 몰두하는 데에 있다고 생각하지 않았다. 그들은 불멸을 명성으로 이해했으며, 현재 살고 있는 자신의 집이나 자신의 거처를 사후에도 고수하는 것으로 이해했다. 하지만 랍비 시므온은 가정을 포기했을 뿐만 아니라, 세상사에 활발하게 참여함으로써 획득할 수 있는 명예의 길도 포기했다. 그는 **도시의 속성을 영원으로 간주하는** 이 세계에서 도망쳐 동굴로 들어갔고, 그곳에서 삶에 영원의 특성을 부여하는 길을 발견했다.

로마인들은 내세가 있다고 믿지 않았다. 그들은 영원한 행복이나 응보에 대한 확신이 없었다.[7] 영원한 행복이나 응보에 대한 불타는 갈망은 로마의 정신이 채워줄 수 없는 무엇이었다. "육체가 죽으면 인격도 사라지고 고인의 덕행과 업적에 대한 기억만이 살아남는다."[8] 로마인들에게 불멸이라는 용어는 하나의 은유였다. 그것은 한 사람이 다른 사람들에게 기억되는 것을 의미했다. 그것은 지금도 수많은 설교자를 매료시키고 있다. 키케로는 마르티온 군단의 전사자들을 위해 "가장 웅대한 기념비를 세워야 한다"고 원로원에 호소하면서 이렇게 말했다. "자연이 우리에게 준 생명은 짧습니다. 그러나 장렬히 스러진 생명에 대한 기억은 영원합니다.…… 따라서 웅장한 기념비를 세우고 비문을 새겨야 합니다. 여러분이 세운 기념비를 사람들이 보든 안 보든 사람들이 듣든 안 듣든, 전사자들의 이름을 부르고 기리는 가운데 가장 깊은 감사의 표현이 끊임없이 울려 퍼지게 해야 합니다. 그렇게 함으로써 여러분은 생명의 유한한 상태 대신에 불멸을 획득하게 될 것입니다."[9] 그는 또 다른 공중 집회에서 이렇게 말했다. "로마의 온 시민이 내게 준 것은 세월과 함께 사라지고 말 감사의 표가 아니라 영원과 불멸이었습니다."[10] 랍비 시므온이 세상을 등진 까닭은 그가 영원의 의미를 정확히 이해했기 때문이다. 영원은 로마 제국 스토아 철학자들의 마음속에 간간이 떠오른 개념이자, 세네카에게 영감을 준 것이

기도 하다. 세네카는 이렇게 말했다. "신들이 우리에게 명령한다. 가까운 장래에 그들과 함께하면서 불멸할 준비를 하라고."[11]

랍비 시므온 벤 요하이는 사람들 대다수가 추구하는 보상을 하찮게 여겼다. 지상의 사물도 그의 마음을 사로잡지 못했으며, 부패하게 마련인 이 세계도 그의 마음을 사로잡지 못했다. 사람들 사이에서 얻은 명예를 영원한 것으로 간주할 수 있는가? 사람들에게 기억되는 것은 어느 정도의 가치가 있는가?

모든 육체는 풀이요, 그의 모든 아름다움은 들의 꽃과 같을 뿐이다.…… 풀은 마르고 꽃은 시드나, 우리 하나님의 말씀은 영원히 서리라.[12]

세상은 덧없지만, 세상을 창조하신 하나님의 말씀은 영원하다.[13] 영원은 하나님의 말씀에 목숨을 바치고, 토라 연구에 전념함으로써 획득할 수 있다.

토라의 사상은 영원의 원천이다. 그것은 지금도 우리의 기도문 속에서 선포되고 있다. 우리는 재삼재사 감사하며 이렇게 말한다. "우리에게 토라를 주시고…… 우리 속에 **영생**을 심으신 분이시여, 찬미 받으소서."[14] 우리가 그렇게 말하는 것은 우리가 토라에 전념하면서 영원의 맛을 느끼기 때문이다. 우리가 죽어서 내세에서 안식할 때, 어떤 복이 의로운 사람의 영혼을 마중하는가? 토라의 보다 깊은 의미를 깨닫는 복이다. "현세에서 인간이 알지 못하도록 감추어져 있던 것들이 수정구슬처럼 훤히 드러나게 될 것이다."[15]

랍비 시므온은 알고 있었다. 시간을 공간과 맞바꾸는 자가 영원을 획득하는 것이 아니라, 자신의 시간을 영으로 채울 줄 아는 자가 영원을 획득한다는 것을. 그에게 중요한 것은 **공간**이 아니라 **시간**이었다. 그가 과제로 삼은 것은 공간을 건물과 다리와 도로로 채우는 것이 아니라 시간을 영원으로 바꾸는 것이었다. 해결의 열쇠는 기하학과 토목에 있지 않고 토라 연구와 기도에 있다.

문명의 문제를 푸는 열쇠는,

공간의 영역으로 달아나는 것이 아니라,

공간의 사물과 함께 일하되

영원을 사랑하면서 살아가는 것이다.

랍비 시므온이 세상사를 경멸한 것은 절망 때문이 아니었다. 그가 세속적인 것을 쌀쌀맞게 거부한 이유는 그가 영원한 보화를 간절히 사모하고, 사람들이 **덧없는 삶**을 추구하느라 생을 탕진하면서도 **영원한 삶**을 무시하는 모습에 전율을 느꼈기 때문이다. 그의 끝없는 갈망 속에는 타협을 위한 중도가 없었다. 토라 연구는 영원을 획득하는 길이었고, 그 의무는 삶의 전부를 요구했나. "**이 율법 책을 네 입에서 떠나지 말게 하며 주야로 그것을 묵상하여라**"(수 1:8). 한시라도 중단하거나 멈추는 것은 영생의 일부를 상실하는 행위이자 부분적인 자살 행위였다. 그런 까닭에 랍비 시므온은 세상사를 죄악으로 간주하지 않을 수 없었을 것이다.

랍비 시므온 벤 요하이와 동시대 사람이자 그보다 나이가 많았으며 유명한 이단자였던 알리샤 벤 아부야(Alisha ben Abuyah)는 정반대의 입장을 취했다. 세속적인 헬레니즘 문화에 매료된 그는 학교를 찾아다니면서 학생들에게 토라를 연구하지 말고 보다 실용적인 일에 힘을 기울이라고 꼬드겼다.

"이 게으른 녀석들아, 세월을 허송하지 말고, 인간의 일을 시작해라. 목수가 되고, 석수가 되고, 재단사가 되고, 어부가 되어라."[1]

랍비 시므온은 세상을 거부했고, 알리샤는 세상에 심취했다. 두 사람의 입장은 동시대인들에게서 거의 갈채를 받지 못한 극단주의를 대표했다. 랍비 시므온과 논쟁하면서 로마인들을 지지했던 저 덕망 높은 랍비 유다 벤 일라이도 랍비 시므온의 인간에 대한 지나친 요구를 배척했다. 랍비 유다는 개인적으로 엄격한 자기부정과 금욕생활에 몰두했던 사람이다. 그는 "나는 이 세상으로부터 어떤 즐거움도 얻고 싶지 않다"[2]고 말하면서도 다른 사람들에게는 중용이야말로 이상적인 길이라고 조언했다. 그는 삶을 두 길, 곧 불의 길과 얼음의 길에 빗대어 말했다. "그대가 불의 길을 걷는다면, 그대는 타 없어지고 말 것이다. 다른 길을 걷는다면, 그대는 얼어붙고 말 것이다. 그러면 어찌해야 하는가? 중도를 걸어라."[3]

랍비 시므온의 관점은 판이했다. "성서는 말한다. '너희가 곡식을 거둘 것이다'(신 11:14)라고. 이 가르침은 우리에게 무엇을 말하는가? '이 율법 책을 네 입에서 떠나지 말게 하며 주야로 그것을 묵상하라'(수 1:8)고 기록되어 있으니, 이 말씀을 글자 그대로 받아들여야 한다고 생각할 위험이 있을 수 있다. 말하자면, 생계비를 버는 것과 같은 활동에 시간을 들이지 말라는 뜻으로 이해할 위험이 있는 것이다. '너희가 곡식을 거둘 것이다'(신 11:14)라고 말하는 가르침이 있는 것은 그 때문이다. 말하자면, 동시에 세속의 일도 하라는 것이다. 이제까지 말한 내용은 랍비 이스마엘의 주장이다. 랍비 시므온은 '밭갈이 할 때 밭 갈고, 씨 뿌릴 때 씨 뿌리고, 추수할 때 추수하고, 타작할 때 타작한다면, 토라 연구는 어찌하란 말인가?'라고 말한다."[4]

3장의 이야기에서 랍비 시므온과 그의 아들은 프로메테우스와는 정반대의 모습을 보인다. 제우스가 보복 행위의 일환으로 인간에게 불을 주지 못하게 하자, 프로메테우스가 천상의 신에게서 불을 훔쳐 낸다. 그는 그것을 대나무 속에 숨겨 지상의 인간에게 가져다주고, 그것을 사용하는 기술을 가르쳐 준다. 그 일로 인해 그는 인간들로부터 문명의 창시자로 존경을 받지만, 신들로부터는 처벌을 받는다. 그는 바위에 묶인 채, 낮에는 독수리에게 간을 뜯어 먹히고, 밤에는 다시 치료되는 신세가 된다.[5] 반면에 랍비 시므온은 인간의 경작 기술 추구를 꾸짖으면서 인간에게서 불을 탈취하고자 했다. 그 일로 인해 그는 천상으로부터 꾸지람을 듣고, 열두 달 동안 동굴에 갇히는 신세가 되었다.

랍비 시므온 이야기의 가장 당혹스런 순간이 끝부분에 나온다. 동굴 속에서 토라를 연구하고 기도하면서 열두 해를 보낸 뒤에도, 두 성자는 세속적인 활동을 비난하던 예전의 입장을 고수했다. 아버지 시므온은 하늘로부터 꾸지람을 듣고 동굴 속에서 참회의 열두 달을 보낸 뒤에야 비로소 세상을 부정하던 자신의 태도를 고쳤다. 하지만 그의 아들은 그때까지도 세상과 화해하지 못했다. 안식일을 경축하기 위해 도금양 두 다발을 들고 가던 "노인"을 만나고 나서야 그의 아들은 세상과 화해할 수 있었다. 노인을 보고 나서 아버지와 아들은 비로소 마음의 평온을 얻었다. 그들이 본 노인은 누구를 상징하는가? 그들의 이야기는 어찌하여 노인을 본 것을 문명의 비극을 해소하는 열

쇠로 제시하는가?

랍비 시므온의 신조는 "오직 하늘만 있어야 한다"는 것이었다. 하지만 하늘은 그의 신조를 반박하면서 이렇게 말했다. "하늘도 있어야 하고, 그 밖의 만물도 있어야 한다." 그의 호전적인 분노는 "너희가 나의 세계를 파멸하려고 온 것이냐?"고 하는 음성에 꺾이고 말았다. 랍비 시므온은 현세를 폄훼했고, 하늘 음성은 현세를 지지했다.

랍비 시므온과 그의 아들은 두 번째 은둔 기간을 보내고 동굴에서 나온 뒤에야 비로소 하늘 이쪽 세계도 살아갈 만한 가치가 있다는 견해를 받아들였다. 무엇이 그들의 심경을 변화시켰는가?

그들의 심경을 변화시킨 것은, 안식일이 **신부**라도 된다는 듯이 도금양을 들고 안식일을 맞이하러 가던 "노인"이었다. 그 노인은 이스라엘 백성을 상징한다.

고대에 도금양은 사랑의 상징이자 신부의 식물이었다. 벗들을 혼인 예식에 초청하기 위해 밖으로 나가는 신랑의 손에는 도금양의 어린 가지가 들려 있고는 했다.[6] 어떤 지방에서는 혼인 예식이 거행되는 자리에 도금양을 놓고 축복의 기도를 암송하는 것이 관례였다.[7] 신부의 머리 위에는 도금양으로 된 차일을 세웠고,[8] 신랑은 장미나 도금양으로 된 화환을 둘렀다.[9] 신부 앞에서는 도금양 가지를 들고 춤을 추는 것이 관례였다. 랍비 시므온 벤 요하이의 동료이자, 로마에 관한 논쟁에서 자신이 맡은 대사로 인해 우리에게 알려진 랍비 유다 벤 일라이는 모든 신부에게 기쁨을 주려고 애씀으로써 칭송을 받았다. 그는 도금양 어린 가지를 들고 결혼식에 참석하여 신부 앞에서 춤을 추며 "아름답고 우아한 신부여!" 하고 소리치고는 했다.[10] 땅거미가 내려앉는 시간에 안식일을 마중하기 위해 도금양 두 다발을 들고 달려가던 "노인"[11]은 안식일을 신부로 맞이하는 이스라엘을 의인화한 것이다.[12]

로마인들은 기술 문명을 최고의 목표로 삼았으며, 공간을 위해 시간이 존재하는 것이라고 생각했다. 랍비 시므온은 영적인 삶을 최고의 목표로 삼았으며, 영원을 위해 시간이 존재하는 것이라고 생각했다. 마침내 그는 이스라엘 백성이 아무리 덧없는 것에 몰두하더라도 그들을 구원해 줄 것이 있다는 사실에 위안을 받았다. 그것은 모든 관심사보다 더 심오한 헌신, 곧 안식일에 대한 헌신이었다.

이것이야말로 문명의 문제를 푸는 열쇠다. 그것은 공간의 영역에서 달아나는 것이 아니라, 공간의 사물과 함께 일하되 영원을 사랑하면서 살아가는 것이다. 사물은 우리의 도구이고, 영원과 안식일은 우리의 배우자다. 이스라엘은 영원과 약혼 중이다. 그들이 한 주에 엿새 동안 세속적인 일에 몰두하더라도, 그들의 영혼은 일곱째 날의 것이다.

신랑에게로 다가오는 신부가
사랑스럽고 아리땁고 향기롭듯이,
안식일도 사랑스럽고 향기롭게 이스라엘에게로 다가온다.

우화 한 토막.

태초에 시간은 하나이자 영원한 것이었다. 그러나 분할되지 않은 시간, 영원한 시간은 공간의 세계와 아무 관계가 없었다. 그래서 시간은 일곱 날로 분할되어 공간의 세계와 밀접한 관계를 가졌다. 이렛날을 제외하고, 하루가 쌓일 때마다 또 다른 사물의 영역이 생겨났다. 안식일은 외톨이였다. 우리는 이 상황을 아들 일곱을 둔 한 임금에 비유할 수 있다. 임금은 여섯 아들에게 재산을 나눠 주고, 막내에게는 귀족의 작위를 내려 왕의 특권을 맡겼다. 평민이 된 여섯 형들은 저마다 짝을 만났지만, 귀족이 된 막내는 짝 없는 외톨이였다.

랍비 시므온 벤 요하이는 이렇게 말한다.

창조 작업이 완료되자, 일곱째 날이 탄원했다. "우주의 주재(主宰)시여, 당신께서 지으신 만물은 저마다 짝이 있습니다. 한 주의 모든 평일이 짝을 가지고 있건만, 저만 홀로 외톨이입니다." 그러자 하나님께서 대답하셨다. "이스라엘 공동체가 네 짝이 되리라."

그 약속은 잊혀지지 않았다. "이스라엘 백성이 시내 산 앞에 서자, 주께서 그들에게 말씀하셨다. '내가 안식일에게 말하기를, 이스라엘 백성이 네 짝이 되리라고 한 것을 기억하여라.' 안식일을 **기억하여** 거룩하게 지키라(출 20:8)고 한 것은 그 때문이다." "거룩하게 하다"로 번역되는 히브리 낱말 레-카데쉬(*le-kadesh*)는 탈무드의 어법에서 한 여인을 성별하는 것, 약혼시키는 것을 의미한다. 시내 산에서 울려 퍼진 그 말씀은 이스라엘의 운명이 신성한 날의 신랑이 되는 것임을, 일곱째 날을 신부로 맞이하라는 명령임을 이스라엘에게 각인시키라는 뜻이었다.[1]

안식일이 아무리 숭고하다고 해도 그 자체로 충분한 것은 아니다. 안식일의 영적 실재는 인간과의 교제를 요구한다. 이 세계에는 하나의 크나큰 갈망이 있다. 여섯 날은 공간을 필요로 하고, 일곱째 날은 인간을 필요로 한다. 영이 홀로 있는 것은 바람직하지 않다. 이스라엘이 안식일의 배필이 되어야 했던 것은 그 때문이다.

그처럼 새로운 사상의 의의를 이해하려면 그 시대의 분위기를 파악해야 한다. 랍비 시므온이 살았던 시대는 바르 코크바(Bar Kochba)가 이스라엘의 독립을 되찾고 예루살렘 성전을 재건하기 위한 마지막 노력의 일환으로 로마 세력에 대항하여 군사를 일으킨 시대였다. 성소를 잃은 이스라엘은 이 세상에서 혼자인 것처럼 보였다. 봉기는 진압되었고, 다른 반란의 기미는 전혀 보이지 않았다. 공간의 성소는 해를 거듭할수록 폐허가 되어 가고 있었다. 하지만 랍비 시므온은 이스라엘이 혼자가 아니라고 선포했다. 이스라엘은 거룩함, 곧 영원과 약혼 중이었다. 그 혼약은 역사가 시작되기 오래전부터 성사된 것이었다. 안식일은 누구도 떼어 놓을 수 없는 한몸이었다. 하나님이 짝지어 주신 것을 아무도 떼어 놓을 수 없었다.

로마에서 황제의 신격화를 공식 정책으로 채택했을 때, 랍비 시므온은 가장 추상적인 것을 격찬했다. 그가 격찬한 것은 시간, 곧 일곱째 날이었다. 유대인들은 전통적으로 의인화를 싫어한다. 하지만 그들의 우화에는 토라의 지혜를 수사적으로 의인화한 대목이 더러 있다. 랍비 시므온의 담대함은 한 날을 격찬하고 이스라엘과 안식일의 친밀한 결합을 선포한 데 있다.

랍비 시므온의 사상은 인간과 영의 관계가 일방적이지 않음을 암시한다. 인간과 영 사이에는 상관성이 있다. 안식일은 율법이 정한 하나의 제도, 하나의 정신 상태, 하나의 행동 방식일 뿐 아니라, 영의 세계에서 이루어지는 하나의 과정이기도 하다. 시간이 시작되던 그 처음에 한 갈망이 있었다. 그것은 안식일이 인간을 향해 품은 갈망이었다.

랍비 시므온 벤 요하이를 통해 한 단어의 거울에 위대한 사상의 빛이 포착되었다. 그 단어는 이스라엘 백성의 운명과 한 날의 광채를 운반한다. 랍비 시므온의 사상은 한갓 이론으로만 머물지 않았다. 그것은 역사를 만든 통찰이었다. 그의 사상은 이스라엘 백성의 영혼 속에 깊이 뿌리내렸고, 그들의 사고와 노래와 관습 속에서 여러 세대에 걸쳐 표현되었다.

랍비 시므온의 시대 이후 불과 두 세대가 지났을 뿐인데, 안식일 의식에 대한 새로운 논조가 등장했다. 3세기 중엽, 저명한 학자들이 안식일에 대해 이런 식으로 말한다. "안식일은 추상적인 시간을 가리키는 것이 아니다. 그것은 알기 어려운 시간, 끊임없이 우리 곁을 지나가는 시간을 가리키는 것이 아니다." 그들에게 안식일은 하나의 살아 있는 존재였다. 안식일이 다가오면, 그들은 손님이 자신들을 만나러 오기라도 하는 것처럼 느꼈다. 그리고 정중하게 방문하는 손님은 환영받아 마땅했다. 실제로, 랍비 야나이(Yannai)는 안식일 전야에 예복을 입고 그 천상의 손님에게 혼잣말로 "어서 들어오시오, 신부여! 어서 들어오시오, 신부여!"라고 말했다고 한다.[2] 야나이와 동시대 사람이었던 랍비 대(大) 하니나(Hanina the Great)는 안식일 전날 해거름에 아름다운 예복을 입고 춤사위를 펼치며,[3] 친구에게 말하듯이 "자, 안식일 여왕을 맞이하러 나가세!"라고 외치고는 했다.[4]

이 세계에 양면(兩面)이 있듯이, 안식일에도 양면이 있다. 안식일은 인간에게 뜻 깊은 날이면서 하나님에게도 뜻 깊은 날이다. 안식일은 하나님과 인간 모두에게 관계가 있다. 그것은 하나님과 인간, 곧 양자(兩者)가 계약을 체결했다는 표시다. 무엇이 그 표시인가? 하나님께서 그날을 거룩한 날로 삼으셨고, 인간은 그날을 거듭 성화하고, 자기 영혼의 빛으로 그날을 빛내야만 한다. 안식일은 하나님의 은혜로 거룩하지만, 인간이 부여하는 거룩함도 필요로 한다.

안식일은 하나님께 뜻 깊은 날이다. 그날이 없으면 우리의 시간 세계에 거룩함이 있을 수 없기 때문이다. 고대 랍비들은 "하나님이 그가 하시던 일을 일곱째 날에 마치시니"[5]라는 구절을 논의하면서 "또 하나의 창조 행위가 일곱째 날에 일어났다"고 넌지시 말한다. 여섯 날이 안식일에 이르지 못했다면, 이 세계는 완성되지 못했을 것이다. 게니바(Geniba)와 랍비들이 그 문제를 논의했다.[6] 게니바는 이렇게 말했다. "이것은 한 임금이 몸소 회반죽을 바르고 칠을 하고 꾸며서 신방(新房)을 차린 것에 비유할 수 있다. 그 신방에는 지금 무엇이 없는가? 신방에 들어올 신부. 이와 마찬가지로 이 우주에는 무엇이 부족했는가? 안식일." 랍비들이 말했다. "한 임금이 반지를 만들었다고 가정해 보자. 반지에 없는 것이 무엇인가? 임금의 인장(印章). 이와 마찬가지로 이 우주에는 무엇이 부족했는가? 안식일."[7]

안식일은 신부이고, 그 의식은 결혼식과 같다.

"미드라쉬(Midrash, 고대 유대인의 구약성서 주석을 수집하여 집대성한 책—옮긴이)는 안식일이 신부와 같다고 가르친다. 신랑에게로 다가오는 신부가 사랑스럽고 아리땁고 향기롭듯이, 안식일도 사랑스럽고 향기롭게 이스라엘에게로 다가온다. 성서에는 '주께서 일곱째 날에 일을 마치고 쉬셨다'(출 31:17)고 기록되어 있으며, '주께서 모세에게 케칼로토(kekalloto)를 그의 신부로 주셨다'는 구절이 뒤를 잇고 있다. (케칼로토는 '마친 때'를 의미할 뿐 아니라 '신부'를 의미하기도 한다.8)) 주께서 케칼로토를 주신 것은 다음과 같은 것을 가르치시기 위해서였다. 곧, 신부가 사랑스럽고 아리땁듯이 안식일도 사랑스럽고 아리따우며, 신랑이 가장 좋은 옷을 입듯이 우리도 안식일에 가장 좋은 옷을 입어야 하며, 하객들이 혼인 잔치 기간 내내 즐거워하듯이 우리도 안식일에 즐거워해야 하며, 신랑이 혼일(婚日)에 일을 하지 않듯이 우리도 안식일에 일을 삼가야 한다는 것이다. 고대의 현인들과 성인들이 안식일을 신부라고 부른 것은 그 때문이었다.

안식일 기도문에는 이를 암시하는 대목이 있다. 금요일 저녁 예식에서 우리는 **당신께서 일곱째 날을 거룩한 날로 삼으셨습니다**라고 말한다. 이 표현은 신부가 신랑과 결혼하는 것을 떠올리게 한다. (히브리어에서 축성[sanctification]은 결혼을 의미한다.) 안식일 아침기도에서 우리는 '모세는 (안식일이라는) 선물을 받고 **기뻐했습니다**'라고 말한다. 신랑이 신부를 보고 기뻐하는 것과 같다. 추가 기도에서 우리는 어린양 두 마리, 곡식 제물로 바칠 고운 가루, 기름과 포도주를 언급한다. 이는 혼인 잔치에 사용되는 고기와 떡과 포도주와 기름을 떠올리게 한다. 안식일을 마감할 시간이 되면 우리는 **'당신은 하나입니다'**라고 말한다. 이는 신랑과 신부가 한몸이 되어 결혼이 완성되는 것과 유사하다."[9]

일곱째 날은 아름다움과 위엄이 넘치는 날이자,

경외와 주목과 사랑의 대상이다.

안식일이 시작되는 금요일 저녁이면,

마음과 영혼은 전율과 기쁨에 사로잡힌다.

안식일의 별칭들이 경축하고자 하는 것은 무엇인가? 그것은 다름 아닌 시간이다. 시간은 모든 현상 중에서 가장 손에 잡히지 않고 가장 비물질적인 현상이다. 우리는 안식일을 경축하면서 우리가 보지 못하는 무언가를 찬미한다. 안식일을 여왕이라 칭하고 신부라 칭하는 것은 단지 우리가 만나는 실재가 안식일의 정신(영)임을 암시하기 위해서다. 우리가 만나는 실재는, 위안을 얻거나 기운을 회복하기 위해 따로 챙겨 두기로 작정한 텅 빈 간격의 시간이 결코 아니다.

랍비들은 안식일을 천사로 생각했는가? 영물(Spiritual Person)이라고 생각했는가?[1] 종교적인 사유는 공상과 밀접하게 연관되는 것을 용납하지 않는다. 안식일의 은유 개념에는 일곱째 날을 신격화하거나, 그날을 천사나 영물로 생각할 위험이 전혀 없었다. 하나님과 인간 사이에는 어떤 것도 자리하지 못한다.

여왕이나 신부처럼 안식일을 가리키는 개념은 심상(心象), 곧 상상될 수 있는 어떤 것을 대표하지 않았다. 그 은유에 해당하는 상이 마음속에 전혀 떠오르지 않았다. 그 은유는 분명한 개념으로 구체화된 적이 없다. 누구도 그 은유로부터 논리적인 결론을 도출할 수 없었다. 그 은유는 교리나 신앙의 대상으로 자란 적도 없다. 안식일을 여왕에 비유하여 경축했던 랍비 하나나는 안식일을 왕에 비유하기도 했다.[2]

고대 랍비들이 안식일을 의인화하려 했으며, 그들 마음속에 있는 상을 표현하려 했다고 추측하는 것은 섣부른 것이다. 시간을 의인화하는 것과 시간을 여왕 내지 신부라 칭하는 것의 차이는 만물의 정확한 수효를 헤아렸다고 추정하는 것과 만물을 우주라고 부르는 것의 차이만큼이나 크다. 랍비들은 일곱째 날이 인간의 모습, 인간의 형체, 인간의 얼굴을 하고 있다고 생각하지 않았다. 그들이 사용한 개념들은 눈에 보이는 상(像)으로 그려진 적이 없다. 그들은 여왕이나 신부라는 사랑스러운 용어를 간직하는 것 이상의 모험을 하지 않았다. 그 이유는 상상력이 부족해서가 아니라 그들이 전달하고자 한 것이 마음이 상상하거나 언어가 표현할 수 있는 것 너머에 있었기 때문이다.

우리들 대다수는 인간을 최대의 존재, 최고의 존재로 여기는 것 같다. 우리는 의인법이 곧 미화법이라고 생각한다. 하지만 우리 가운데 몇몇 사람은 인간이 완벽한 존재가 아니며, 영적 실재를 의인화하는 것은 그것을 축소하는 행위라는 것을 알고 있다. 의인화는 일그러뜨림과 얕잡아 봄이 될 수 있다. 이 세상에는 수많은 사람이 있지만, 안식일은 단 하나뿐이다.

여왕이나 신부처럼 안식일을 지칭하는 개념은, 안식일을 의인화한 것이 아니라, 신적인 속성을 예시한 것이며 하나님이 인간의 사랑을 필요로 하신다는 것을 예시한 것이다. 그 개념은 실물을 말하는 것이 아니라 하나님의 현존, 하나님과 인간의 관계를 나타내는 것이다.

그러한 비유적 예시는 하나의 사실을 말한 것이 아니라, 하나의 가치를 말한 것이며 안식일 자체가 얼마나 소중한 것인지를 말로 표현한 것이다. 안식일 준수는 한 계명을 이행하는 기법 그 이상이다.

안식일은 이 세계에서 이루어지는 하나님의 현존, 인간의 영혼에 개방된 하나님의 현존이다. 영혼은 애정을 다해 응답하고, 성별된 날과 교제할 수 있다.

일곱째 날은 아름다움과 위엄이 넘치는 날이자, 경외와 주목과 사랑의 대상이다. 안식일이 시작되는 금요일 저녁이면, 마음과 영혼과 혀는 전율과 기쁨에 사로잡힌다. 달리 무슨 말이 필요하랴? 세속에 물들지 않은 사람들, 말이 오염되지 않도록 조심하는 사람들에게 여왕이나 신부 같은 단어는, 자비로운 위엄과 애정을 기다리는 단아한 순결을 의미한다.

이스라엘은 안식일의 별칭이 된 신부 개념을 고이 간직했다. 그것은 지금도 회당에서 레카 도디(*Lechah Dodi*, "오소서, 나의 연인이여!"로 시작되는 찬가—옮긴이)의 테마곡으로서 읊어지고 있다. 포도주를 축성하는 행위도 다음과 같은 사상으로 설명되었다. 곧, 결혼식이 포도주 잔을 앞에 놓고 거행되듯이, 안식일도 "후파(*hupah*, 결혼식—옮긴이)로 들어가는 신부"라는 것이다. 지금도 토요일 밤에 먹는 음식을 일컬어 "여왕 배웅"이라고 부른다.

"사람들이 안식일 준수 기간을 토요일 밤까지 연장하는 이유는 감사를 표하기 위해서이며, 자신들이 성스러운 손님과의 작별을 얼마나 아쉬워하는지, 그 손님과 작별하는 것이 얼마나 서운한 감정을 불러일으키는지 보여 주기 위해서다. 그들이 그 손님을 가지 못하게 말리고, 커다란 애정을 품은 채 노래와 찬미로 배웅하는 것도 그 때문이다.…… 미드라쉬는 '이는 신부나 여왕을 노래와 찬미로 환송하는 것과 같다'고 말한다."[3]

금요일 저녁기도의 명칭은 카발라트 샤바트(*Kabbalat Shabbat*)다. 그것은 무엇을 의미하는가? 카발라(*Kabbalah*)가 명사로 쓰이면, 몸소 의무를 떠맡는 것을 의미한다. 그런 점에서 그것은 엄격함과 자제라는 의미도 가지고 있다. 하지만 카발라가 동사로 쓰이면, "맞이하다, 환영하다, 환대하다"를 의미한다.[4] 첫 번째 의미는 율법에 적용되었고, 두 번째 의미는 사람에게 적용되었다. 그러면 안식일(*Shabbat*)이라는 단어에 덧붙여져 사용된 카발라는 무엇을 의미하는가?

중세 문학에서 카발라트 샤바트라는 용어는 첫 번째 의미로만 사용되었다. 곧, 일을 중단하고, 안식할 의무를 떠맡는 행위를 의미했다.[5] 하지만 훨씬 이전 시대에는 안식일을 맞이하거나 환영하는 의미로 사용되었다.[6] 그러면 카발라트 샤바트라는 용어는 무엇을 의미하는가?

카발라트 샤바트는 율법적인 의미와 영적인 의미를 모두 지니고 있다. 두 의미는 서로 떼려야 뗄 수 없는 관계다. 카발라트 샤바트는 그날의 현존을 환영하고, 그날의 주권을 받아들이는 것을 의미한다. 바로 거기에 안식일의 특징이 있다. 안식일은 신부이면서 동시에 여왕이다.

고요한 밤에 안식일이 노래를 흩뿌리며 이 세계에 당도한다.

안식일은 애무하듯이 다가와

두려움과 슬픔과 어둔 기억을 닦아 없앤다.

한 주에 엿새 동안 영은 무시되고 버려지고 잊혀진 채 홀로 지낸다. 인간은 긴장 속에서 일하고, 걱정거리에 사로잡히고, 근심에 빠져 허우적거리느라 무형의 아름다움을 생각할 여유가 없다. 하지만 영은 학수고대한다. 인간이 영과 하나가 되는 날을.

그러다가 엿샛날이 찾아온다. 걱정과 긴장이 사라지고, 흥분이 위대한 사건을 앞질러 다가온다. 아직 안식일이 오지 않았건만, 그 도착이 임박했다는 생각만으로도 마음속에서는 안식일을 맞이할 채비를 하고 그날을 맞이하기에 합당한 자가 되고자 하는 강렬한 열의가 솟구친다.

"안식일을 준비하는 데 열심을 다하고, 여왕이 자기 집에 유숙하러 오고 있다거나 신부와 그 들러리가 오고 있다는 소식을 들은 남자처럼 신속하고 부지런하게 움직이는 것이야말로 모든 사람의 의무다. 그런 사람은 어떻게 행동할까? 그는 크게 기뻐하며 '그들이 내 지붕 아래 유숙하러 오고 있다 하니, 이 얼마나 영광스러운 일인가!' 하고 소리칠 것이다. 그는 하인들에게 '집을 깨끗이 청소하고 깔끔하게 정리하여라. 도착하실 분들을 위해 침실을 준비하여라. 그러면 나는 밖으로 나가서 빵과 고기와 생선을 사 오겠다. 그분들을 위해서라면 무엇이든 사 오겠다'고 말할 것이다. 그는 부리는 하인이 천 명이나 되지만 안식일 음식을 손수 장만할 것이다.

신부이자 여왕인 안식일보다 더 위대한 이가 어디 있으며, 안식일보다 더 기쁜 날이 어디 있으랴? 집 주인은 부리는 하인이 백 명이나 되지만 안식일 음식을 장만하느라 천 배나 더 분주히 움직일 것이다."[1]

"랍비 유다 벤 일라이의 습관은 이러했다. 안식일 전날이 되면, 그는 뜨거운 물이 가득 담긴 대야를 가져오게 하여 얼굴과 손과 발을 씻은 다음, 술이 달린 아마포 예복을 두르고 앉았다. 그 모습이 마치 만군의 주를 모시는 천사 같았다."[2]

"고대의 랍비 함누나(Hamnuna)는 금요일 오후에 (목욕을 마치고) 강에서 나와 잠시 강둑에 앉아 쉬고는 했다. 그는 기쁨이 가득 담긴 눈을 뜨고서 이렇게 말하고는 했다. '나는 하늘의 천사들이 오르락내리락하는 즐거운 모습을 보기 위해 여기 앉아 있는 것이다.' 그는 안식일이 다가올 때마다 사람이 영혼의 세계로 붙잡혀 올라간다고 말했다. 하나님의 신비를 알아채는 사람은 정녕 행복한 사람이다."3

모든 일을 멈추고 나면, 촛불을 켠다. "빛이 생겨라!" 하는 말씀과 함께 창조가 시작되었듯이, 창조를 경축하는 의식도 촛불 점화와 함께 시작된다. 기쁨의 도착을 알리고, 더할 수 없이 아름다운 상징인 등불을 등경 위에 두어 집안의 분위기를 다스리게 하는 것은 여인의 몫이다.

그러고 나면 세계는 온통 안식처가 된다. 시간이 안내자처럼 도착하여 우리의 마음을 평소의 생각 위로 끌어올린다. 사람들이 일곱째 날의 경이를 맞이하기 위해 모여들고, 안식일은 들판, 우리의 가정, 우리의 마음속으로 자신의 영을 보낸다. 바로 그 순간, 우리의 영혼 속에 잠들어 있던 영이 깨어난다.

우리 가운데 몇몇 사람은 기운을 얻고 새로워져 잔치옷을 입는다. 그들은 말로 표현할 수 없는 기대감과 영원에 대한 직관적 통찰에 부풀어 꿈꾸듯 흔들거리는 촛불을 든다. 그들은 그것들이 말하는 모든 것이 베일 같다는 느낌에 압도된다. 우리의 영혼은 시간과 영원의 매듭을 말로 풀 수 있을 만큼 고결하지 못하다. 어떤 사람은 모든 사람과 모든 세대를 위해 노래를 부르고 싶어하고, 어떤 사람들은 모든 노래 가운데 가장 위대한 노래인 아가(雅歌)를 부른다. 그들의 노래에는 예로부터 내려오는 애정이 흐르고, 예로부터 축적된 혼이 흐른다! 그것은 하나님께 바치는 사랑의 노래, 열정과 향수와 사죄가 담긴 노래다.

도장 새기듯, 임의 마음에 나를 새기세요.

도장 새기듯, 임의 팔에 나를 새기세요.

사랑은 죽음처럼 강한 것,

시샘은 무덤처럼 잔혹한 것,

사랑은 타오르는 불길,

아무도 못 끄는 거센 불길입니다.

바닷물도 그 사랑의 불길 끄지 못하고,

큰물도 그 불길 잡지 못합니다.

자기 집 재산을 다 바친다고

사랑을 얻을 수 있을까요?

오히려 웃음거리만 되고 말겠지요.

한 관념이 세차게 불어와 장터를 날려 버렸다. 그 바람 속에는 노래가 있고, 그 숲 속에는 기쁨이 있다. 고요한 밤에 안식일이 노래를 흩뿌리며 이 세계에 당도한다. 영원이 한 날을 낸다. 그러한 세력에 맞설 수 있는 말이 어디에 있으랴?

주님의 음성, 수면 위에 있고

주님의 음성, 힘차고

주님의 음성, 위엄으로 가득하구나.

숲들은 벌거벗고

만물은 주님의 성소에서 "영광" 하고 외치는구나.

우리는 여왕을 맞이하고, 신부에게 세레나데를 부르기 위해 밖으로
나간다.

자, 사랑하는 이들이여, 신부를 맞이합시다!
가서 안식일을 맞아들입시다!

시온은 폐허가 되고, 예루살렘은 잿더미가 된다. 한 주 내내 구원의
소망만 있을 뿐이다. 그러나 안식일이 이 세상에 들어오면, 사람은 잠
시 실제적인 구원을 접한다. 메시아의 영이 잠시 지면을 운행하기라
도 했다는 듯이.

주님의 성소, 주님의 성읍아, 일어나라!
폐허 속에서 나오너라!
눈물 골짜기에 오래 머물렀구나.

먼지를 털고 일어나라!
나의 백성아, 화려한 옷을 입어라.

부끄러워하지도, 당황하지도 말아라.

어찌하여 풀이 죽어 있느냐?

어찌하여 슬퍼하느냐?

내 백성 중에 괴로워하는 자들이

네 품속에서 피난처를 얻겠고,

성읍은 옛터에 재건될 것이다.

네 하나님이 너를 보고 기뻐하시리니,

신랑이 신부를 보고 기뻐함 같으리라.

마지막 연을 암송하기 전에 회중이 일어나 서쪽을 향한다. 이는 눈에
보이지 않는 손님을 맞이하는 표시이다. 그들 모두 머리 숙여 절한다.

하나님의 면류관이여, 안심하고 오세요.

기쁘고 즐거운 마음으로 오세요.

신실하고 사랑스러운 백성들 한가운데로.

자, 사랑하는 이들이여, 신부를 맞이합시다.

안식일은 애무하듯이 다가와 두려움과 슬픔과 어둔 기억을 닦아 없 앤다. 때는 이미 한밤중, 기쁨이 시작되고, 영혼의 여분이 우리의 유한한 뼈를 찾아와 오래도록 머문다. 우리는 어찌 감사해야 할지 몰라 이렇게 말한다.

당신께서는 지혜로 하늘 문을 여시고
계절을 바꾸시는 분.
당신께서는 빛 앞에서 어둠을 걷어 내시고
낮과 밤이 구별되게 하신 분.

하지만 경이로운 이 세계보다 더 위대한 것이 있는데, 그것이 바로 영이다. 우리는 그분의 세계 속에서 지혜를 감지하고, 그분의 영 안에서 그분의 사랑을 보고 안다.

당신께서는 영원한 사랑으로 이스라엘의 집을 사랑하시고, 토라와 미츠봇과 율법과 심판을 우리에게 가르치셨습니다. 우리에게서 당신의 사랑을 거두지 마소서.

그런 다음 우리는 모세의 말을 듣는다. 모세는 우리에게 하나님의 사랑에 보답하는 법을 배우라고 다그친다.

마음을 다하고 뜻을 다하고 힘을 다하여
주 너희 하나님을 사랑하여라.

그러고 나서 우리는 다음과 같은 하나님의 말씀을 읽는다.

주의 모든 명령을 기억하여 행하여라. 너희 마음의 정욕과 눈의 정욕을 따르지 말아라. 그것들은 너희로 하여금 길을 잃게 할 뿐이다.
나는 너희의 하나님이 되려고, 너희를 이집트 땅에서 이끌어 낸 주 너희의 하나님이다. 나는 주 너희의 하나님이다.

우리는 이렇게 답한다.

참되고 확실한 것은 이것이니,
그분만이 주 우리의 하나님이시고, 우리 이스라엘은 그분의 백성이라는 것입니다.

우리가 그분의 주권을 이해하고 그분의 나라에서 살 수 있을 만큼 넉넉한 영을 가지고 있다면 얼마나 좋으랴. 하지만 우리의 마음은 약하고, 우리의 영은 갈라져 있다.

당신의 평화로운 안식처를 우리 위에 펼치소서.
당신의 선한 권고로 바른 길을 가리키소서.
당신의 이름을 위하여 우리를 구원하소서.

이 세상에 있는 동안 안식일의 맛을 음미할 줄 모르는 사람,

영생의 진가를 인정하지 않는 사람이

내세에서 영원의 맛을 즐길 수는 없는 일이다.

안식일과 영원은 하나다. 안식일과 영원은 본질이 같다. 이것은 예로부터 전해 내려온 사상이다.[1] 전설은 다음과 같이 말한다. "하나님께서 이스라엘에게 토라를 주시면서 이렇게 말씀하셨다. '나의 자녀들아! 너희가 토라를 받아들이고 나의 계명을 지키면, 내가 지닌 가장 값진 것을 영원토록 너희에게 주겠다.'

그러자 이스라엘이 하나님께 물었다. '우리가 당신의 토라를 준수하면, 당신께서 주시기로 한 값진 것이 무엇입니까?'

'내세가 그것이다.'

'내세의 한 예를 보여 주십시오.'

'내세의 예는 안식일이다.'"[2]

고대 전승은 이렇게 선언한다. "내세는 안식일이 지닌 거룩함을 특징으로 가지고 있다.…… 안식일의 거룩함과 내세의 거룩함은 종류가 같다."[3]

랍비 시므온 벤 요하이가 스승으로 모셨던 랍비 아키바(Akiba)도 동일한 사상을 피력했다. "레위 사람들은 예루살렘 성전에서 그날그날 부르는 노래가 따로 있었다. 한 주의 첫째 날에는 '땅은 주님의 것이다'라는 노래를 불렀고, 둘째 날에는 '주님은 위대하시다'를 불렀으며, 다른 날에는 다른 노래를 불렀다. 안식일에는 시편을 노래했는데, '안식일을 위한 노래'가 그 제목이었다. 그것은 장차 도래할 그때, 온통 안식일이 될 그때, 영원히 살면서 안식하게 될 그때를 위한 노래다."[4]

온통 안식일뿐인 그때의 특징은 무엇인가? 그때는 "먹는 것도, 마시는 것도, 세속적인 거래도 없는" 때이자, "의인이 면류관을 쓰고 앉아서 존경을 받으며 셰키나(Shechinah, 하나님의 임재—옮긴이)의 영광을 누리는 때다."[5]

탈무드에 따르면, 안식일은 영원 내지 내세와 다소 유사하다 (me'en 'olam ha-ba). 우리 삶의 일곱째 부분을 낙원같이 경험할 수 있다는 사상은 이교도들에게는 하나의 추문이지만, 유대인들에게는 하나의 계시(啓示)다. 크라스네의 랍비 하임(Hayim of Krasne)은 안식일이 한 조각의 영원 그 이상을 담고 있다고 말한다. 또한 그는 안식일이야말로 영원의 원천(ma'yan)이자 천국의 근원이며 내세에서 이루어지는 삶의 뿌리라고 말한다.

이 세상에 있는 동안 안식일의 맛을 음미할 줄 모르는 사람, 영생의 진가를 인정하지 않는 사람이 내세에서 영원의 맛을 즐길 수는 없는 일이다. 안식일의 아름다움을 경험하지 못한 사람이 천국에 이르거나, 안식일의 아름다움을 느끼지 못한 사람이 천국으로 인도되는 것만큼 슬픈 운명도 없을 것이다.[6]

유대교 전통은 영원의 정의를 제공하지 않는다. 그 대신 어떻게 하면 시간 속에서 영원 내지 영생의 맛을 경험할 수 있는지를 설명한다. 영생은 우리에게서 멀리 떨어져 자라는 것이 아니다. 그것은 "우리 안에 심겨져"[7] 우리의 힘이 미치지 않는 곳에까지 자란다. 내세는 영혼이 육체를 떠나서 마주하는 사후(死後)의 상태인 것만이 아니다. 내세의 요체는 영원한 안식이다. 그리고 시간 속에서 맞이하는 일곱째 날은 영원의 한 예다.[8] 일곱째 날은 칠층천(七層天)의 맛을 지니고 있으며, 내세를 미리 맛보라고 주어진 것이다. 일곱째 날은 오트 히레올람(*ot bi le-'olam*), 곧 영원의 상징이다.[9]

옛날에 꿈속에서 하늘나라를 다녀온 랍비가 있었다. 그가 허락을 받고 낙원에 있는 성전 가까이 가 보니, 탈무드의 현인들이라 불리는 타나임(*Tannaim*)이 그곳에서 생을 보내고 있었다. 그들은 탁자에 둘러앉아 탈무드를 연구하는 중이었다. 그것을 보고 실망한 랍비는 "이것이 낙원의 전부란 말인가?" 하며 고개를 갸우뚱했다. 바로 그때 한 음성이 들려왔다. "네가 잘못 생각한 것이다. 타나임이 낙원에 있는 것이 아니라, 낙원이 타나임 속에 있는 것이다."

철학은 성서로부터 배울 것이 많다. 철학자는 선(善)이라는 관념을 가장 고귀한 관념으로 여긴다. 하지만 성서는 선이 으뜸이 아니라 버금이라고 가르친다. 선은 성(聖)이 없으면 존재할 수 없다. 선이 산기슭이라면, 성은 산마루다. 하나님은 엿새 동안 창조하신 것들을 **선한 것**으로 여기셨으나 거룩하게 하지는 않으셨다. 하나님께서 **거룩하게 하신** 것은 일곱째 날뿐이다.

유대교 신앙에 의하면, 인간이 궁극적으로 이분(二分)하는 것은 정신과 물질이 아니라 성과 속이다. 우리는 속된 것을 너무 오래 가까이했으며, 영혼을 기계 장치로 여기는 습관에 젖어 있다. 안식일 규례는 육체와 정신의 방향을 성의 차원으로 돌리고자 애쓴다. 그것은 인간이 자연과 관계를 맺고 있을 뿐만 아니라 그것을 지으신 창조주와도 관계를 맺고 있다고 가르친다.

안식일은 무엇인가? 그것은 **시간의 모습을 하고 있는 영**이다. 우리의 육체는 공간에 속해 있다. 하지만 우리의 영, 우리의 영혼은 영원을 향해 날아오르고, 거룩함을 향해 비상한다. 안식일은 정상을 향한 상승이다. 그것은 우리에게 시간을 성화하고, 선을 성의 수준으로 끌어올리고, 속된 짓을 삼가고 성스러움을 볼 기회를 제공한다.

영은 사람의 마음속에 있는 관념에 불과하다고 생각하거나, 하나님은 사물 사이에 있는 한 사물에 불과하다고 생각하는 자들이 있다. 그런 자들에게는 시간의 모습을 하고 있는 영, 곧 영원이 불합리하게만 보일 것이다. 반면에 하나님은 적어도 우리가 알고 있는 우주만큼이나 위대하시며, 영은 우리가 겸손하게 참여하는 무한한 과정이라고 생각하는 사람들도 있다. 그들은 시간의 특정한 찰나에 영의 비밀이 폭로된다는 말이 무슨 뜻인지 이해할 것이다. 한 찰나에 영원의 현존을 감지하려면 시간의 경이로움에 압도당할 줄 알아야 한다. 우리는 모든 시간의 운명이 한순간에 달려 있다는 듯이 행동해야 한다.

평소에 우리는 "땅은 우리의 어머니, 시간은 돈, 이익은 우리의 배우자"라고 생각한다. 하지만 일곱째 날은 전혀 다른 것을 상기시킨다. 곧, 하나님이 우리의 아버지이시고, 시간은 생명이며, 영이 우리의 배우자라는 것이다.

사물의 세계도 있고 영의 세계도 있다. 안식일은 영의 소우주다. 영의 대우주를 구성하는 모든 요소가 그 속에 들어 있다.

물리적인 세계는 인간의 능력 덕분에 존재하는 것이 아니라 그냥 존재하는 것이다. 마찬가지로 영 역시 인간의 정신 덕분에 존재하는 것이 아니다. 안식일은 인간의 도움으로 거룩해지는 것이 아니다. 일곱째 날을 거룩하게 하신 분은 하나님이시다.

성서의 어투로 말하면, 이 세계는 엿새 동안의 창조를 거쳐 존재하게 되었다. 하지만 그것의 생존은 일곱째 날의 거룩함에 달려 있다. 자연 법칙은 자연의 과정을 지배한다. 그래서 위대하다. 하지만 거룩함이 없으면 위대함도 자연도 있을 수 없다.

안식일은 온통 거룩하다.

일곱째 날이 될 때마다 기적이 일어난다.

사람의 영혼과 만물의 영혼이 깨어난다.

다른 종교들은 공간 속의 거룩함, 자연 속의 거룩함을 가르치지만, 유대교는 전혀 새로운 것을 가르친다. 유대교는 성의 관념이 공간에서 시간으로, 자연의 영역에서 역사의 영역으로, 물체에서 사건들로 서서히 자리를 옮겼다고 가르친다. 물질세계는 타고난 성스러움을 상실했다.[1] 신성한 식물이나 신성한 동물은 더 이상 존재하지 않는다. 한 사물이 신성해지려면 인간의 의식적인 행위에 의해 성별되어야 했다. 물질 알갱이에는 성스러움의 특성이 없다. 사물이 고귀해지려면 인간의 축성 행위가 있어야 하고, 그 사물이 하나님과 연관되어 있어야 한다.

시간을 강조하는 것이야말로 예언자적 사고방식의 두드러진 특징이다. 예언자들은 "하나님의 날"을 "하나님의 집"보다 더 중요하게 여겼다.

인류는 여러 민족과 여러 나라로 갈라지고 나뉘어져 있다. 공간 속의 사물이 빼앗아 간 것, 바벨탑이 빼앗아 간 것을 인간에게 되돌려 주는 것이 바로 시간 속의 순간이다. 시간 속의 순간이야말로 메시아의 마지막 때다. 모든 사람의 일치를 회복하고자 하는 소망은 그때에 성취된다.[2]

십계명은 신성한 장소를 전혀 언급하지 않는다. 오히려 모세는 시내 산 사건에 뒤이어 다음과 같은 말씀을 들었을 뿐이다. "내가 내 이름을 부르게 하는 곳이면 어디든지 내가 가서 너희에게 복을 주겠다"(출 20:24). 신성함은 특정한 장소에 매이지 않는다는 인식이 회당의 발생을 가능하게 하였다. 성전은 예루살렘에만 있었고, 회당은 모든 마을에 있었다. 지금도 기도 시간은 고정되어 있지만, 기도 장소는 고정되어 있지 않다.

지상의 어떤 사물도, 지상의 어떤 장소도 자체로는 거룩하지 않다. 약속의 땅 어딘가에 단 하나의 성소가 건립되어야 했는데, 그 장소 역시 모세오경에서 거룩하다고 일컬어진 적이 없다. 모세 시대에도 그 장소는 확정되거나 지정되지 않았다. "주 너희 하나님께서 고르실 그곳"으로만 스무 차례 이상 언급될 뿐이다.[3]

여러 세대 동안 그 장소는 미지의 장소로 남아 있었다. 그러다가 다윗 왕이 주님을 위해 성전을 짓겠다는 열망을 품었다. "주께서 사방에 있는 모든 원수에게서 다윗 왕을 안전하게 지켜 주셨으므로, 왕은 이제 자기의 왕궁에서 살게 되었다. 어느 날, 왕이 예언자 나단에게 말하였다. '나는 백향목 왕궁에 사는데, 하나님의 궤는 아직도 휘장 안에 있습니다.'"[4]

시편 기자는 다윗의 열심에 대해 이렇게 노래한다.

주님, 다윗을 기억하여 주십시오.

그가 겪은 그 모든 역경을 기억하여 주십시오.

다윗이 주님께 맹세하고,

야곱의 전능하신 분께 서약하기를

"내가 내 집 장막에 들어가지 아니하며

내 침상에도 오르지 아니하며

눈을 붙이고 깊은 잠에 빠지지도 아니할 것이며

눈꺼풀에 얕은 잠도 들지 못하게 하겠습니다.

주께서 계실 장막을 마련할 때까지,

야곱의 전능하신 분이 계실 곳을 찾아낼 때까지

그렇게 하겠습니다" 하였습니다.[5]

다윗의 기도에 대한 응답으로 성전 지을 곳이 알려졌다.

주께서 시온을 택하시고,

그곳을 당신이 계실 곳으로 삼으시기를 원하셔서,

이렇게 말씀하셨다.

"이곳은 영원히 내가 쉴 곳,

이곳을 내가 원하니,

나는 여기에서 살겠다."[6]

성전 지을 곳이 선택된 것은, 그곳이 그 지역 고유의 초자연적 특성을
타고났기 때문이 아니라, 사람이 그것을 위해 기도했고 하나님이 원

하셨기 때문이다.[7]

성전이 거룩한 장소가 되었다. 하지만 성전의 거룩함은 스스로 난 것이 아니었다. 성전의 거룩함은 지정된 것이다. 하지만 예언자들은 공간 속의 거룩함이 얼마나 모순된 것인지 알아챘다.

이스라엘의 경건한 사람들은 이렇게 노래하고는 했다.

그분 계신 곳으로 가자.

그 발 아래 엎드려 경배하자.[8]

하지만 예언자는 이렇게 선포했다.

주께서 말씀하신다.

"하늘은 나의 보좌요,

땅은 나의 발 받침대다.

그러니 너희가 어디에다 내가 살 집을 짓겠으며,

어느 곳에다가 나를 쉬게 하겠느냐?"[9]

하나님은 어디에나 계신 분이신데 어찌 한 곳에만 계시겠는가? 하나님께서 만물을 지으셨는데, 우리가 어찌 그분을 위해 무언가를 만들겠는가?[10] 안식일 의식에서 우리는 지금도 다음과 같은 내용을 암송한다.

> 주님의 영광이 온 우주에 가득하건만,
>
> 그분의 천사들이 서로 묻는구나.
>
> 그분의 영광스러운 처소는 어디에 있느냐고.

고대의 랍비들은 거룩함을 세 가지 양상으로 구분한다. 그것은 하나님 이름의 거룩함, 안식일의 거룩함, 이스라엘의 거룩함이다.[11] 안식일의 거룩함이 이스라엘의 거룩함보다 우선한다.[12] 이스라엘 땅의 거룩함은 이스라엘 백성의 거룩함에서 연유한다.[13] 그 땅은 데라의 시대나 족장의 시대에 거룩한 땅이 아니었다. 그 땅은 여호수아의 지휘를 받아 그 땅에 들어간 백성들에 의해 거룩하게 되었다. 그 땅을 거룩하게 한 이는 이스라엘 백성이고, 안식일을 거룩하게 하신 분은 하나님이시다. 안식일의 거룩함은 절기들의 그것과 같지 않다. 절기들

의 거룩함은 인간의 행위에 의존한다. 책력(冊曆)을 정하고 주(週)의
어느 날에 절기가 시작될 것인지를 결정하는 것은 사람의 몫이다. 새
달이 언제 시작되는지 사람이 확정하지 않으면, 유월절을 경축할 도
리가 없는 것이다. 안식일은 그렇지 않다. 사람들이 안식일을 저버린
다고 해도, 안식일의 거룩함은 없어지지 않는다.[14] 하지만 거룩함의
모든 양상은 신비하게 서로 연관되어 있다.[15]

시간 속의 거룩함은 무엇을 의미하는가? 답은 안식일을 기념하는
방법 속에서 드러난다. 일곱째 날을 준수하는 데에는 제물(祭物)이 필
요치 않다. 그것은 대부분의 절기 준수와는 다른 점이다. 대부분의 절
기는 제물로 무교병, 쇼파(Shofar, 숫양의 뿔로 만든 제식용 악기—옮긴
이), 룰라브(Lulab, 종려나무 가지—옮긴이), 에트로그(Etrog, 귤속나무
가지—옮긴이), 또는 장막(Tabernacle)을 필요로 한다.[16] 안식일에는
계약의 상징, 곧 한 주의 평일에 몸에 부착하는 성구함(聖句函)이 필
요치 않다. 안식일에는 상징들이 불필요하다. 안식일 자체가 상징인
까닭이다.

"안식일은 온통 거룩하다."[17] 영혼이 더 큰 영혼을 맞이하는 것 이
외에 아무것도 필요치 않다. 왜냐하면 안식일이 "모든 영혼을 지켜

주기" 때문이다.[18] 안식일은 영혼들의 세계이자, 시간의 모습을 하고 있는 영이다. 탈무드에 의하면, 칠칠절의 첫째 날에 토라를 수여받았는데, 그날이 마침 안식일이었다고 한다. 이는 모든 현인이 동의하는 사실이다.[19] 실로, 안식일은 하나님의 말씀이 인간에게 수여될 수 있는 유일한 날이다.

일곱째 날이 될 때마다 기적이 일어난다. 영혼이 깨어난다. 사람의 영혼과 만물의 영혼이 깨어난다. 중세의 한 현인은 이렇게 선언한다. "엿새 동안 창조된 세계는 영혼이 없는 세계였다. 일곱째 날에야 비로소 그 세계는 영혼을 부여받았다. '주가 이렛날에 쉬면서 숨을 돌리셨다'(출 31:17)고 한 것은 그 때문이다. 네페쉬(nefesh)는 영혼을 뜻한다(숨, 공기를 뜻함과 동시에 ─옮긴이)."[20]

우리의 삶은 일곱째 날을 향한 순례 여정이다.
한 주 내내 안식일을 동경하는 것이야말로
한평생 영원한 안식을 동경하는 하나의 형식이다.

선택된 날의 거룩함은 우리가 노려보거나 겸손히 떨어져 있어야 할 대상이 아니다. 그것은 우리를 **멀리하지** 않는 거룩함이다. 그것은 우리를 **향해 다가오는** 거룩함이다. "안식일은 너희에게 거룩한 날이므로, 너희는 안식일을 지켜야 한다"(출 31:14). "안식일은 이스라엘에게 거룩함을 더해 준다."[1]

안식일이 인간에게 주는 것은 인간이 감지할 수 있는 실제적인 무엇이다. 이를테면 그것은 내면에서 반짝이는 빛, 사람의 얼굴에서 뿜어져 나오는 빛과 같다. "하나님이 일곱째 날을 복되게 하셨다"(창 2:3). "하나님이 안식일을 복되게 하셨다는 사실은 사람의 얼굴에 나타나는 빛을 보아서도 알 수 있다. 평일에 보이는 사람의 낯빛은 안식일에 보이는 낯빛과 같지 않다."[2] 그것은 랍비 시므온 벤 요하이가 관찰한 사실이다.[3]

안식일에는 사람에게 무언가가 생긴다. 랍비 시므온 벤 라키쉬(Shimeon ben Laqish)는 이렇게 말한다. "하나님은 안식일 전야에 사람에게 네샤마 예테라(*neshamah yeterah*)를 주시고, 안식일이 끝나면 그것을 거두어 가신다."[4]

네샤마 예테라는 여분의 영혼을 의미한다. 그것은 일반적으로 "덧붙은(부가적인) 영혼"으로 번역된다. 이 용어의 정확한 의미는 무엇인가?

일부 사상가들은 네샤마 예테라가 영성이나 평안이 증대되고 위안이 증대되는 것을 상징한다고 생각했다.[5] 다른 사상가들은 일곱째 날에 현실적이고 영적인 실재, 곧 제2의 영이 사람 안에 담긴다고 생각했다. "사람은 일곱째 날에 여분의 영혼, 천상의 영혼, 내세의 모습을 한 완전한 영혼을 받는다."[6] 그것은 "사람 위에 내려와 그를 천사의 것과 같은 면류관으로 치장하는 거룩한 영"이다. 그것은 각 사람의 능력에 알맞게 각 사람에게 주어진다.[7]

조하르에 의하면, 천상의 영혼들이 하루 동안 천상의 영역을 떠나 유한한 인간의 삶 속으로 들어오는 것은 영적인 목적을 위해서라고 한다. 안식일이 끝날 때마다 그들은 자신들의 영역으로 돌아가 거룩하신 임금 앞에 모인다. 그러면 거룩하신 하나님이 모든 영혼들에게 묻는다. "저 아래 세상에 머무는 동안 너희는 토라의 지혜에서 얼마나 새로운 통찰을 얻었느냐?" 일곱째 날에 사람이 얻은 통찰을 하나님 앞에서 이야기해 드릴 수 있는 영혼은 행복하기 그지없을 것이다.[8] 하지만 이야기해 드릴 것이 없어서 벙어리처럼 하나님 앞에 서 있어야 하는 영혼은 실로 난처한 입장이 될 것이다.

예로부터 전해 내려오는 전설에 의하면, 태초에 창조된 빛은 해와 달과 별이 방출하는 빛과는 종류가 달랐다고 한다. 창조의 첫째 날에 지어진 빛은 사람으로 하여금 세상을 이쪽 끝에서 저쪽 끝까지 한번에 볼 수 있게 하는 빛이었다. 사람이 그 빛의 복을 누릴 자격이 없게 되었으므로 하나님께서 그것을 감추셨다. 그러나 내세에서는 그 빛 고유의 영광이 경건한 사람들에게 모습을 보일 것이다. 그 빛의 일부가 일곱째 날에 성도들과 의로운 사람들 위에 임한다. 그 빛을 일컬어 여러분의 영혼이라고 부른다.[9]

전설은 프라하의 랍비 로에프(Loew of Prague, 1609년 사망)가 "키다리 랍비 로에프"로 불렸다고 전한다. 그 이유는 그가 안식일에는 평일과 달리 머리 하나가 더 커 보였기 때문이다.[10] 안식일에 체르노비츠의 랍비 하임(Hayim of Tshernovitz, 1813년 사망)을 본 사람은 누구나 그의 뺨에서 장미 한 송이를 볼 수 있었다. 그는 이렇게 말했다. "우리는 안식일의 거룩함이 성인의 삶 속에서 일으키는 엄청난 변화를 목격했다. 거룩한 빛이 그의 마음속에서 불의 혀처럼 이글거리고, 그는 하나님을 주야로 섬기고자 하는 갈망과 환희에 사로잡혔다." 그가 안식일을 경축할 채비를 마치자, "안식일의 거룩한 광채가 그의 얼굴을 비추었다. 그에게 다가가기가 주저될 만큼 그의 낯빛이 눈부시게 반짝였다."[11]

그러나 인간이 경험하는 안식일은 세속의 나날 속에서 고독한 이방인이 되어서는 안된다. 안식일은 다른 모든 날과 사귀어야 한다. 한 주의 모든 날은 안식일과 영적으로 조화를 이루어야 한다. 우리의 한 평생은 일곱째 날을 향한 순례가 되어야 한다. 안식일이 우리에게 가져다주는 것에 대한 감사가 늘 우리 마음속에 자리해야 한다. 안식일은 삶의 대위법이자, 우리의 양심을 위협하는 동요(動搖)와 변천에 아랑곳하지 않고 지속되는 멜로디이며, 이 세상에서 이루어지는 하나님의 현존에 대한 우리의 인식이다.

우리가 어떤 사람이 될 것인지는 안식일이 우리에게 어떤 날이 되느냐에 달려 있다. 안식일 법규가 영적인 삶에서 차지하는 비중은 중력의 법칙이 자연에서 차지하는 비중만큼이나 크다.

의지를 천박한 욕망의 노예로 부리는 것만큼 참기 어려운 것은 없다. 우리는 내적인 해방을 쟁취하기 위해 씩씩하게, 끊임없이, 은밀히 싸워야 한다. 사람의 지배와 사물의 지배로부터 벗어나지 않으면 내적인 해방을 쟁취할 수 없다. 고도의 정치적 해방과 사회적 해방을 쟁취한 사람은 많지만, 사물의 노예가 되지 않은 사람은 극소수에 불과하다. 우리가 항구적으로 씨름해야 할 문제는 이것이다. "사람들과 어우러져 살면서 자유를 누리려면 어찌해야 하는가? 사물과 더불어 살면서 사물에 예속되지 않으려면 어찌해야 하는가?"

영원의 한 순간에 노예 출신의 이스라엘 백성은 구원을 생생히 맛보면서 열 개의 말씀, 곧 십계명을 받았다. 십계명은 처음부터 끝까지 인간의 해방을 다루고 있다. 첫 번째 말씀, 곧 "나는 너희를 이집트

땅, 종살이하던 집에서 이끌어 낸 주 너희의 하나님이다"라는 말씀은 외적인 해방이 하나님에 의해 주어진 것임을 상기시키고, 열 번째 말씀, 곧 "너희는 탐내지 말라"는 말씀은 인간 스스로 내적 해방을 획득해야 함을 상기시킨다.

오늘날 우리는 어떤 단어를 특별히 강조하고자 할 때 그 단어에 밑줄을 치거나 그 단어를 이탤릭체로 쓴다. 고대 문학에서는 어떤 단어를 강조하고자 할 때 제3의 단어를 쓰지 않고 그 단어를 직접 반복해서 썼다(epizeuxis).[12] 예컨대 성서는 이렇게 말한다. "너희는 정의, 정의를 따라라"(신 16:20, 표준새번역 성서에는 "너희는 오직 정의만을 따라야 한다"로 되어 있다―옮긴이). "너희는 위로하여라! 나의 백성을 위로하여라"(사 40:1). 열 개의 계명 가운데 오직 한 계명, 곧 마지막 계명만이 두 번 선포되었다. "너희는 탐내지 말라.…… 너희는 탐내지 말라." 마지막 계명이 반복된 것은 그 계명이 대단히 중요함을 강조하기 위해서였다. 사람은 "이웃의 집을" 탐내지 말며, "이웃의 아내나 남종이나 여종이나 소나 나귀나 할 것 없이, 이웃의 소유를" 탐내지 말라는 명령을 받았다.

명령만으로는 정욕을 다스릴 수 없다. 만일 십계명 본문 가운데

분량이 3분의 1이나 되고, 다른 모든 계명의 요약이라고 할 수 있는 안식일 계명이 없었다면, 열 번째 계명은 쓸데없는 것이 되고 말았을 것이다. 우리는 두 계명(네 번째 계명과 열 번째 계명) 사이의 관계를 찾아내야 한다. 이웃에게 속한 것을 탐내지 말라. 하나님께서 자신에게 속해 있는 무언가를 우리에게 주셨기 때문이다. 그것이 무엇인가? 한 날이다.

우리의 삶은 일곱째 날을 향한 순례 여정이다. 그것이 바로 유다이즘이 품으려고 힘쓰는 비전이다. 한 주 내내 안식일을 동경하는 것이야말로 한평생 영원한 안식을 동경하는 하나의 형식이기 때문이다.[13] 유다이즘은 공간 속에 있는 사물을 탐내지 말고 **시간 속에 있는 것을 탐내라**고 가르친다. 한 주 내내 일곱째 날을 탐내라고 가르친다. 하나님도 그날을 탐내셨다. 하나님은 그날을 일컬어 헴다트 야밈(*Hemdat Yamim*), 곧 탐나는 날이라고 부르셨다.[14] 공간의 **사물을 탐내지 말라**는 계명은 언외(言外)의 말, 곧 **시간의 일을 탐내라**는 말과 연관이 있는 것 같다.

이교도들은 하나님에 대해 나름대로 아는 것을 눈에 보이는 상에 투영하거나, 하나님을 자연 속에 있는 사물, 곧 공간의 사물과 연관시킨다. 십계명에서 우주의 창조주는 역사 속에서 일어난 한 사건, 시간 속에서 일어난 한 사건, 곧 이스라엘 백성을 이집트의 속박에서 해방시킨 사건을 들어 자신의 신분을 밝히고 이렇게 선포한다. "너희는 위로 하늘에 있는 것이나, 아래로 땅에 있는 것이나, 땅 아래 물속에 있는 어떤 것이든지, 그 모양을 본떠서 우상을 만들지 말라."

이제까지 지상에 존재해 온 것 가운데서 가장 값진 것은 모세가 시내 산에서 받은 두 돌판이었다. 그것들은 비할 바 없이 귀중한 것이었다. 모세는 그것들을 받기 위해 시내 산으로 올라가서 밤낮 40일을 그 산에 머물렀다. 그는 빵도 먹지 않고 물도 마시지 않았다. 그때 주께서 두 돌판을 그에게 수여하셨다. 그 돌판에는 전에 주께서 불꽃 한가운데서 이스라엘 백성에게 하신 말씀들, 곧 십계명이 기록되어 있었다. 하지만 모세가 두 돌판을 손에 들고 산에서 내려와 보니 백성들이 금송아지 주위에서 춤을 추고 있었다. 그는 그들이 보는 앞에서 그것들을 던져 깨뜨려 버렸다.

"이집트의 주요 예배 처소는 자신이 창조의 **발상지**라고 주장하면서 자신의 우월성을 강조했다."[1] 반면에 창세기는 창조의 발상지를 말하지 않고 창조의 날들에 대해 말한다.[2] 신화들은 창조의 시간을 전혀 언급하지 않는다. 반면에 성서는 시간 속에서 이루어진 공간의 창조를 언급한다.

누구나 그랜드캐니언이 도랑보다 장엄하다는 것을 인정할 것이다. 누구나 날벌레와 독수리의 차이를 알고 있다. 그러나 우리 가운데 얼마나 많은 사람이 시간의 차이에 대하여 그런 식으로 분별하는가? 역사가 랑케(Leopold von Ranke)는 어느 시대나 하나님과의 거리는 똑같다고 주장했다. 하지만 유대 전통은 모든 시대가 똑같은 것은 아니며, 시간 속에는 순간의 위계질서가 있다고 주장한다. 사람은 어디에서든 하나님께 기도할 수 있다. 하지만 하나님이 사람에게 늘 말씀하시는 것은 아니다. 예를 들면, 예언의 영이 이스라엘을 떠난 특정한 시기도 있었다.

우리는 시간을 우리가 거주하는 영역이 아니라 하나의 측정 장치로 여긴다. 두 사건을 비교하여 한 사건이 다른 사건보다 뒤에 일어났음을 알아채기 시작하면서 우리의 시간 의식은 싹튼다. 음악을 들으면서, 우리는 한 음표가 다른 음표의 뒤를 잇고 있음을 깨닫는다. 시간 의식에 꼭 필요한 것이 바로 전후(前後)의 구별이다.

하지만 시간은 그 속에서 일어난 사건들의 관계에 불과한 것인가? 현재의 순간은 과거와 연관되지 않으면 아무 의미가 없는 것인가? 게다가 우리는 시간 속에 있는 것만을, 공간의 사물에 영향을 미치는 사건들만을 알 수 있을 따름인가? 어떤 일이 공간의 세계와 연관되어 발생하지 않으면, 거기에는 시간이 전혀 없는 것인가?

시간의 궁극적인 의의를 알려면 특별한 의식이 필요하다. 우리는 모두 시간을 살고 있으며 시간과 밀착되어 있다. 우리가 시간을 알아채지 못하는 것은 그 때문이다. 공간의 세계가 실존을 에워싸고 있지만,[3] 그것은 우리 삶의 한 부분일 뿐이다. 공간의 세계를 제외한 전부가 다름 아닌 시간이다. 사물이 바닷가라면, 항해는 시간 속에 있다고 하겠다.

존재물은 그 자체로는 설명되지 않고 시간을 통해서만 설명된다. 지적으로 집중하면서 눈을 감으면 우리는 공간이 없는 시간을 소유할 수 있지만 시간이 없는 공간은 소유할 수 없다. 영적인 견지에서 보면 공간은 시간이 결빙된 것이며, 모든 사물은 사건들이 석화(石化)한 것이다.

시간을 알아채는 방법은 두 가지다. 하나는 공간의 관점에서 시간을 느끼는 것이고, 다른 하나는 영의 관점에서 시간을 느끼는 것이다. 신속하게 달리고 있는 기차 안에서 창밖을 내다보면, 우리는 가만히 앉아 있는데 풍경이 움직이고 있다는 인상을 받게 된다. 마찬가지로 우리의 영혼이 공간의 사물을 타고 가면서 실재를 바라보면, 시간이 끊임없이 움직이고 있는 것처럼 보인다. 하지만 끊임없이 달려가고 있는 것은 공간의 사물이라는 것을 퍼뜩 깨닫는 순간, 우리는 시간이 결코 소멸하지 않는다는 것을, 공간의 세계가 시간의 무한한 영역을 달리고 있을 뿐임을 깨닫게 된다. 따라서 우리는 일시성을 공간과 시간의 관계로 정의해도 좋을 것이다.

공간이라 불리는 실체, 무한히 이어져 있으나 텅 비어 있는 실체는 실재의 궁극적인 형태가 아니다. 우리의 세계는 태초부터 마지막 때까지 시간을 통해 움직이는 공간의 세계다.

평범한 사람은 시간의 본질을 덧없음과 무상함으로 여길 것이다. 하지만 사실은 우리가 공간의 사물들을 주시할 때 덧없다는 생각이 떠오르는 것이다. 우리에게 덧없다는 느낌을 주는 것은 다름 아닌 공간의 세계다. 공간 너머에 있고 공간과 무관한 시간은 없어지지 않는다. 소멸하는 것은 공간의 세계뿐이다. 사물은 시간 속에서 소멸하지만, 시간 자체는 변하지 않는다. 우리는 시간의 흐름이나 시간의 변천을 말할 것이 아니라 공간이 시간을 통해 흐른다거나 공간이 시간을 통해 변한다고 말해야 한다. 시간은 사멸하지 않는다. 인간의 육체가 시간 속에서 사멸할 뿐이다. 일시성이야말로 공간 세계의 속성이자 사물의 속성이다. 공간 너머에 있는 시간은 과거와 현재와 미래로 나뉘지 않는다.

돌로 만든 기념비는 사라지게 마련이지만, 영의 날들은 결코 사라지지 않는다. 출애굽기는 이스라엘 백성이 시내 광야에 당도한 사건에 대해 이렇게 전한다. "이스라엘 자손이 이집트 땅에서 나온 지 셋째 달이 되던 바로 **이날**(on this day), 그들은 시내 광야에 이르렀다"(출 19:1). "이날"이라는 표현이 고대 랍비들을 난처하게 만들었다. 그것은 "그날"로 표현했어야 하지 않을까? "이날"로 표현한 것은 하나님께서 토라를 수여하신 날이 과거가 될 수 없음을 말하기 위해서였다. 말하자면, 하나님께서 율법을 수여하신 날이 이날, 곧 모든 날이라는 것이다. 토라를 연구하는 날이 언제든, 우리는 "하나님께서 바로 오늘 우리에게 토라를 주신 것"으로 여겨야 한다는 것이다.[4] 이집트를 탈출하던 날에 대해서도 동일한 것이 적용된다. "사람은 자신을 마주할 때면 언제나 마치 자신이 직접 이집트를 탈출한 것처럼 여겨야 한다."[5]

위대한 한 날의 가치는 그것이 달력에서 차지하는 공간으로 평가되는 것이 아니다. 랍비 아키바는 이렇게 외쳤다. "이스라엘이 **아가**(雅歌)를 받은 날만큼 가치 있는 날도 없다. 모든 노래가 거룩하다고 해도, 아가만큼 거룩한 노래가 없기 때문이다."[6]

영의 세계에서 보면, 일분과 한 세기, 한 시간과 한 시대 사이에는 아무 차이가 없다. 랍비 유다(Judah the Patriarch)는 이렇게 외쳤다. "일생에 걸쳐 영원을 얻는 사람이 있고, 짧은 시간을 들여 영원을 얻는 사람도 있다."[7] 선한 한 시간이 일생과 맞먹을 수 있고, 여러 해에 걸쳐 하나님으로부터 도망치다가 잃어버린 것을 하나님께로 돌아서는 짧은 순간에 회복할 수도 있다. "내세에서 평생을 보내는 것보다 이 세상에서 한 시간이라도 회개하고 선한 일을 하는 것이 낫다."[8]

머리말에서 말했듯이, 기술 문명은 인간이 공간을 정복하여 이루어 낸 것이다. 하지만 시간은 전인미답의 영역으로 남아 있다. 우리는 공간의 거리를 극복할 수는 있어도 과거를 되찾거나 미래를 파헤칠 수는 없다. 사람은 공간을 넘어서지만, 시간은 사람을 넘어선다.

인간 최대의 난제(難題)는 시간이다. 우리 모두는 끝없는 시간의 영역을 줄지어 통과하고 있지만, 시간 속으로 들어가는 발판을 얻지는 못하고 있다. 시간의 실재는 우리에게서 멀리 떨어져 있다. 우리는 공간을 우리의 뜻대로 부릴 수 있다. 우리는 공간의 사물을 우리가 원하는 대로 변형시키거나 바꿀 수 있다. 하지만 시간은 우리의 손발이 미치지 않는 곳에, 우리의 능력 밖에 있다. 시간은 가깝기도 하고 멀기도 하다. 시간은 우리의 모든 경험에 본질적이면서 동시에 우리의 모든 경험을 넘어선다. 시간은 오로지 하나님에게만 속해 있다.

시간은 모든 범주 위를 떠도는 신비이자 **타자**(他者)가 아닐 수 없다. 시간과 마음은 별개의 세계인 것 같다. 하지만 모든 존재의 우정과 일치는 시간 속에서만 이루어진다.

우리는 저마다 공간의 한 부분을 점유하고 있다. 저마다 자기만의 공간이 있다. 나의 신체가 점유한 공간은 다른 누군가가 아니라 나 자신만이 점유한 공간이다. 하지만 시간을 점유한 사람은 존재하지 않는다. 누구도 순간을 독차지할 수 없다. 지금 이 순간은 나에게 속해 있음과 동시에 모든 살아 있는 사람에게 속해 있다. 시간은 공유의 대상이고, 공간은 소유의 대상이다. 공간을 소유하면 다른 모든 존재의 적수가 되지만, 시간 속에서 살면 다른 모든 존재와 동시대인이 된다. 시간은 통과의 대상이고, 공간은 점유의 대상이다. 우리는 공간의 세계가 우리를 위해, 인간을 위해 존재한다는 착각에 곧잘 굴복한다. 시간에 관한 한, 우리는 그러한 착각에 **빠지지** 않는다.

하나님과 사물 사이에는 현저한 차이가 있다. 왜냐하면 사물은 분리된 존재이자 전체로부터 분리된 개체이기 때문이다. 하나의 사물을 보는 것은 분리되고 격리된 무언가를 보는 것이다. 게다가 사물은 인간이 소유하고 있거나 소유할 수 있는 무엇이다. 시간은 찰나가 자체로 존재하는 것을 허락하지 않는다. 시간은 전부 아니면 무(無)다. 시간은 우리의 마음속에서만 분할될 뿐, 다른 곳에서는 분할되지 않는다. 시간은 우리의 손이 미치지 않는 곳에 있다. 시간은 대체로 거룩하다.

자칫하면 영원한 시간을 못 보고 지나치기가 쉽다. 출애굽기에 의하면, 모세는 "떨기 가운데서 불꽃이 이글거리는" 광경을 보았다고 한다. "그가 보니, 떨기에 불이 붙는데도, 그 떨기가 타서 없어지지 않았다"(출 3:2). 시간은 영원히 불타는 떨기와 같다. 각각의 찰나는 다른 찰나에게 길을 내주고 사라져야 하지만, 시간 자체는 타서 없어지지 않는다.

시간은 독자적이고 궁극적인 의미를 가지고 있다. 시간은 하늘보다 더 장엄하다. 시간은 별이 총총한 하늘보다 더 경외감을 자아낸다. 시간은 공간이 사물의 부서진 언어로 말하는 것보다 더 많은 것을 이야기한다. 시간은 휘황찬란한 태고로 서서히 미끄러져 들어와 대지를 열어젖히고, 고립된 존재들을 악기 삼아 교향곡을 연주한다.

시간이 창조의 과정이라면, 공간의 사물들은 창조의 결과물이다. 공간을 바라보면 창조의 산물들이 보이고, 시간을 직관하면 창조의 과정이 들린다. 공간의 사물은 거짓된 독립을 드러낼 따름이다. 공간의 사물은 한정된 영속성의 얇은 면을 드러낼 뿐이다. 지어진 것은 무엇이나 창조주를 가리게 마련이다. 사람은 시간의 차원에서만 하나님을 만날 수 있다. 사람은 시간의 차원에서만 각각의 찰나가 하나의 창조 활동이라는 것을 깨닫는다. 각각의 찰나는 궁극적으로 현실화되기 위해 길을 여는 하나의 시작이다. 시간은 공간의 세계에서 이루어지는 하나님의 현존이다. 우리가 모든 존재의 일치를 느낄 수 있는 것도 시간 속에서다.

창조는 옛적에 단 한 번 일어난 행위가 아니다. 세계를 존재하게 하는 행위는 지금도 끊임없이 계속되고 있다.[9] 하나님은 세계를 존재하게 하셨다. 그 활동은 지금도 계속되고 있다. 지금 이 순간이 있는 것은 하나님이 현존(現存)하시기 때문이다. 개개의 순간은 또 하나의 창조 행위다. 한 순간은 종점이 아니라 시작을 알리는 섬광이자 그 신호다. 시간은 지속적인 쇄신이자, 부단한 창조와 뜻이 같은 말이다. 시간은 하나님이 공간의 세계에 주시는 선물이다.

시간이 없는 세계는 하나님이 없는 세계, 갱신도 없고 창조주도 없는 세계, 자체적으로 존재하는 세계가 되고 말 것이다. 시간이 없는 세계는 하나님으로부터 분리된 세계, 사물 그 자체, 현실화되지 않은 실재가 되고 말 것이다. 시간 속에 있는 세계는 하나님을 통해 지속되는 세계, 무한한 계획이 구체화되는 세계다. 그것은 사물 자체로 존재하는 세계가 아니라 하나님을 위해 존재하는 세계다.

세계는 끊임없이 태어나고 있다. 그 경이로운 모습을 목격하는 것은 주어진 세계 안에서 **주신** 분의 현존을 감지하는 것이다. 그것은 영원이 시간의 근원이며, 시간 속의 영원이 존재의 비밀임을 깨닫는 것이다.

공간의 정복, 피라미드, 명예를 통해서는 시간의 문제를 풀 수 없다. 시간의 문제는 시간을 성화함으로써만 풀 수 있다. 시간처럼 붙잡기 어려운 것도 없다. 하지만 하나님과 함께하는 사람에게 시간은 변장한 영원이다.

창조는 하나님의 언어이고, 시간은 그분의 노래이며, 공간의 사물은 그 노래에 담긴 자음이다. 시간을 성화하는 것은 하나님과 한목소리로 모음들을 노래하는 것과 같다.

공간을 정복하고 시간을 성화하는 것이야말로 인간에게 주어진 과제다.

우리는 시간을 성화하기 위해 공간을 정복해야 한다. 우리는 한 주 내내 공간의 사물을 이용하여 삶을 성화하고, 안식일에는 시간 한가운데 있는 거룩함을 함께 나누어야 한다. 우리의 영혼이 시들시들할 때도, 우리의 뻣뻣하게 굳은 목구멍에서 기도가 전혀 나오지 않을 때도, 안식일의 순수하고 고요한 안식이 우리를 영원한 평화로 인도한다. 그러다 보면 우리는 영원이 무엇을 의미하는지 어렴풋이 깨닫게 된다. 사상(思想)의 세계에는 안식일 개념만큼 영적인 힘을 풍부하게 간직하고 있는 개념이 별로 없다. 우리가 소중히 여기는 이론 가운데 상당수가 갈기갈기 찢어져 없어져도, 영원은 없어지지 않고 남을 것이다. 우주의 태피스트리(다채로운 색실로 그림을 짜 넣은 직물—편집자)는 끊임없이 빛을 발할 것이다.

영원이 한 날을 낸다.

머리말_ 시간의 건축술

1. A. J. Heschel, *Man Is Not Alone*. A Philosophy of Religion, New York 1951, p. 200을 보라.

2. 버트런드 러셀은 이렇게 말했다. 시간은 "실재의 하찮고 표피적인 특성이다.……시간에 예속된 상태로부터 해방되는 것이 철학적 사고에 꼭 필요하다.…… 시간의 하찮음을 깨닫는 것이야말로 지혜로 들어가는 문이다." *Our Knowledge of the External World*, p. 166f.

3. "시간은 악(惡), 치명적인 질병이다. 그것은 치명적인 향수병을 불러일으킨다. 시간의 경과는 인간의 마음을 절망으로 때리고, 그의 눈을 슬픔으로 채운다." N. Berdyaev, *Solitude and Society*, p. 134.

4. A. J. Heschel, *The Earth Is the Lord's*, p. 13f도 보라.

5. 이것은 종교적 체험과 미적 체험을 구별하는 여러 견해 가운데 하나다.

6. Maimonides, *Mishneh Torah, Teshubah* 1,3. on the basis of *Mishnah Yoma*, 8,8. 보다 급진적인 관점은 *Sifra* to 23:27과 *Shebuot* 13a에서 발견된다. "나는 속죄일에 금식하지 않으면 속죄일이 죄를 벗겨 주지 않으리라고 생각했다. 나는 그날에 거룩한 모임을 열고, ('이스라엘과 속죄일을 거룩하게 하신 주님, 찬미받으소서'라는 기도문을 포함시켜 기도하고, 속죄일을 거룩한 날로 받아

들인다는 표시로 축제일에 어울리는 옷을 입고. *Tosafot Keritot* 7a를 보라.) 아무 일도 하지 않았다. 그러나 어떤 사람이 속죄일에 단식하지도 거룩한 모임을 열지도 않고 일을 한다면, 속죄일이 그의 죄를 벗겨 준다고 추론할 수 있을까? 성서는 말한다. 어느 경우든 속죄일이 죄를 벗겨 준다고." 하지만 권위 있는 학자들 대다수는 속죄일에 회개하지 않고 악을 행하는 사람들의 죄까지도 속죄일이 벗겨 준다는 견해를 지지하지 않는다. *Yoma* 85b에 있는 랍비 요마의 견해도 비교해 보라. 특별한 때에 대한 랍비 요세의 견해는 의미심장하다. 그의 견해는 *Sanhedrin* 102a에 있다. *Tanhuma*(랍비 탄후마의 주석 *Midrash Tanhuma*를 가리킨다—옮긴이)의 창세기 49:28에 대한 주석도 살펴보라. 랍비 요하난(Yohanan)이 *Ta'anit* 29a에서 피력한 견해와 랍비 요세가 *Erachin* 11b에서 피력한 견해도 살펴보라. Pedersen, *Israel I-II*, p. 488과 p. 512; E. Panofsky, *Studies in Iconology*, pp. 69–93도 보라.

7. 창세기 2:3. "안식일을 기억하여 거룩하게 지켜라.…… 주께서 엿새 동안 하늘과 땅과 바다와 그 안에 있는 모든 것을 만드시고 이레째 되는 날 쉬셨기 때문이다. 그래서 주께서 안식일을 복되게 하시고 거룩한 날로 삼으신다"(출 20:8-11). 십계명에서도 "거룩한"이라는 단어는 안식일이라는 한 단어에만 적용되었다.

8. *Tanhuma*, Exodus 34:1 (31); *Seder, 'Olam rabba*, ch. 6. Rashi to Exodus 31:18을 보라. Nahmanides to Leviticus 8:2도 보라. 이 세계에는 시간의 거룩함만 있어도 충분했을 것이다. 공간의 거룩함은 인간의 본성과 타협해서 생겨난 것이다. 십계명은 성막 건립을 명하지 않았다. 성막 건립은 백성이 하나님께 다음과 같이 탄원하고 호소하자 이에 대한 응답으로 시작된 것이다. "오, 이 세계를 지으신 주여! 여러 나라의 왕들은 저마다 왕궁을 가지고 있습니다. 왕궁에는 임금을 임금으로 인지할 수 있는 탁자, 촛대, 국새 등이 비치되어 있습니다. 우리의 왕, 우리의 구원자, 우리의 위로자이신 당신께서 어찌 어새를 사용하여 지상의 모든 거민들로 하여금 당신이 그들의 진정한 왕이심을 알게 하지 않으시나이까?"

Midrash Aggada 27 : 1; Louis Ginzberg, *The Legends of the Jews*, III, 148f.

9. 민수기 7 : 1.

10. 초승달이 떠서 다음 초승달이 뜰 때까지를 한 달이라고 한다. 그 기간은 대략 29
    일 12시간이다.

11. 바빌론의 휴일은 태음력의 매 일곱 번째 날에 지켜졌다. J. Barth, *The Jewish
    Sabbath and the Babylonians, The American Israelite*, Nov. 20, 1902; H.
    Webster, *Rest Days*, New York, 1916, p. 253f.

1_ 시간 속의 궁전

1. Philo, *De Specialibus Legibus*, II, 60 (Loeb Classics, Philo, VII).

2. Aristotle, *Ethica Nicomachea* X, 6. (「니코마코스 윤리학」 이제이북스)

3. Rabbi Solomo Alkabez, *Lechah Dodi*.

4. 안식일에 드리는 저녁예배.

5. *Zohar*, I, 75.

6. H. O. Taylor, *The Medieval Mind*, I, p. 588ff.

7. *Mekilta* to 31:13.

8. *Genesis rabba* 19, 3.

9. 우상숭배를 금하는 계명과 간음을 금하는 계명, 그리고 살인을 금하는 계명은 어
    겨서는 안된다.

10. *Otzar ha-Geonim, Yoma*, p. 30, 32.

11. *Duas tantum res anxius optat, panem et circenses*, Juvenal, *Satires* X.80.

12. 안식일에 바치는 오후기도.

13. 이사야 58:13. "안식일의 기쁨을 경감시키는 자는 하나님의 임재(*Shechniah*) 를 유린하는 것과 같다. 왜냐하면 안식일은 하나님의 외동딸이기 때문이다." *Tikkune Zohar* 21, ed. Mantua 1558, 59b.

14. *Deuteronomy rabba* 3,1; *Midrash Tehillim*, chap. 90을 보라.

15. *Toledot Ya'akob Yosef*, Koretz, 1760, p. 203c를 보라.

16. 그런 이유로 우리는 안식일에 이렇게 말한다. "하늘은 기뻐하고, 땅은 즐거워하여라"(시 96:11). "하늘은 내세, 곧 영혼의 세계를 상징하고, 땅은 현세의 유한한 세계를 상징한다." Al Nakawa, *Menorat ha-Maor*, ed. Enelow, II, 182.

17. *Shibbole ha-Leqet*, chap. 126.

18. 안식일에 바치는 오후기도.

19. Jer. *Demai* II, 23d.

20. *Zohar*, 88b. 128a를 참조하라.

21. Rabbi Zvi Elimelech of Dynow, *Bne Issachar*, Shabbat, 1.

22. B. Auerbach, *Poet and Merchant*, New York, 1877, p. 27.

23. Quoted as a Midrash by Rashi on *Megillah* 9a; on Genesis 2:2; *Tosafot Sanhedrin* 38a. 헬라파 유대 철학자 아리스토불루스(Aristobulus)에 의하면 일곱째 날에 빛이 창조되었는데, 그 빛 속에 있으면 모든 것이 보인다고 한다. 그는 그 빛을 일컬어 지혜의 빛이라고 불렀다. Eusebius, *Praeparatio Evangelica*, ed. Gifford, Book XIII, chap. 12, 667a를 보라.

24. *Genesis rabba* 10,9.

25. 신명기 12:9. 열왕기상 8:56, 시편 95:11, 룻기 1:19를 참조하라.

26. 욥기 3:13, 17. 14:13 이하를 참조하라.

27. 시편 23:1-2.

28. *Shabbat* 152b. *Kuzari* V, 10; *Yalkut Reubeni*, Amsterdam, 1700, 174a, and the prayer *El male rahamim*도 보라.

29. *Shabbat* 119b를 보라.

30. Wertheimer, *Batei Midrashot*, Jerusalem, 1950, p. 27; L. Ginzberg, *The Legends of the Jews*, I, 85; V, 110을 보라.

31. *Or Zarua*, II, 18c. L. Ginzberg가 *The Legends of the Jews*, V, 101에서 수정하여 제안한 것을 보라. *Geonica* II, 48. *Yalkut Shimoni*, Tehillim, 843에 있는 아름다운 전설도 참조하라.

2_ 문명을 넘어서

1. 출애굽기 20:9, 23:12, 31:15, 34:21, 레위기 23:3, 신명기 5:13.

2. *Mekilta de-Rabbi Shimeon ben Yohai*, ed. Hoffmann, Frankfurt a.M. 1905, p. 107.

3. *Prike Abot* 1, 10.

4. *Abot de-Rabbi Natan*, ed. Schechter, chap. 11.

5. *Shabbat* 49b를 보라.

6. Rabbi Isaiah Horowitz, *Shne Luhot ha-Berit*, Frankfurt a.d. Oder, 1717, p. 131a.

7. *Shabbat* 12a.

8. "랍비 셰셋(Sheshet)은 여름철이 되면 제자들을 태양을 마주보는 곳에, 겨울철에는 그늘진 곳에 앉히고는 했다. (그가 안식일에 제자들에게 강론할 때) 제자들이 재빨리 일어나게 하기 위해서였다. 랍비 제라(Zera)는 (학문적인 토론에 참여한) 제자들을 한 쌍씩 찾아다니면서 이렇게 말하고는 했다. '안식일을 모독하지 말라' (안식일의 즐거운 분위기와 유쾌한 분위기를 해치지 말라)." Shabbat

119a-b.

9. Al Nakawa, *Menorat ha-Maor*, II, 191.

10. *Sefer Hasidim*, ed. Wistnetzki, Berlin, 1924, p. 426; Jer. *Berachot* 5b를 보라.

11. 신명기 5:14.

12. K. Kamelhar, *Dor De'ah, Bilgoraj*, 1933, p. 127.

13. Mekilta to 20:9. 에드워드 말러(Edward Mahler)에 의하면, 동사 "shabbat" 는 "안식하다"를 뜻하는 것이 아니라 "완성하다"를 뜻한다. 명사 *"shabbatou"* 는 바빌로니아 역법(曆法)에서 연대기적인 의미의 한 주기, 곧 달이 순환을 완 료하는 보름을 의미한다. *Der Schabbat*, ZDMG, LXII, 33-79.

14. Jer. *Shabbat* 15a.

3_ 공간의 화려함

1. *Shabbat* 33b와 *Maaseh Book*, translated by Moses Gaster, Jewish Publication Society, Philadelphia, 1934, p. 25ff에 있는 구절과 번역문을 보라.

2. 예컨대 J. H. Weiss, *"Zur Geschichte der Jüdischen Tradition"* (Hebrew), II, 143을 참조하라.

3. Friedlaender, *Roman Life and Manners*, London, 1908, I, 6.

4. 한 예로 미다스 왕의 무덤에 새겨진 비문을 보라. Diogenes Laertius, *Lives of Eminent Philosophers*, ed. Loeb, I. 99f. "나는 청동으로 만들어진 소녀입니다. 나는 미다스 왕의 무덤 위에 놓여 있습니다. 물이 흐르고 커다란 나무가 자라고 태양이 떠올라 빛을 발하고 밝은 달이 떠올라 반짝이고 강들이 흐르고 바다가 해 변을 적시는 한, 나는 눈물로 적셔진 그의 무덤에 앉아서 통행자들에게 이렇게 말

할 것입니다. '미다스 왕이 여기에 잠들다.'" 여호수아 4:7에도 이와 유사한 견해가 암시되어 있다.

5. *urbs aeterna*(영원한 도성 — 옮긴이)라는 명칭은 로마의 시인 티불루스(Tibullus)의 작품과 오비디우스의 파스티(*Fasti of Ovid*)(3, 78)와 제국의 공식 문서들에 나타난다. *Thesaurus Linguae Latinae*, I, 1141을 보라. 예루살렘은 결코 영원한 도성('*ir 'olam*)이라 불린 적이 없다. 헬레니즘 시대에 "영원한"이라는 칭호는 *ribbon ha-'olamin*(영원하신 주 — 옮긴이), Θεός αἰώνιος(영원하신 하나님 — 옮긴이), κύριος αἰώνιος(영원하신 주 — 옮긴이), βασιλεὺς αἰώνιος(영원하신 왕 — 옮긴이)처럼 오직 하나님에게만 붙여졌다. W. Bousset, *Die Religion des Judentums*, 3 ed., Tübingen 1936, p. 311, n. 5를 보라. 그러나 우리는 이사야 44:7, 에스겔 36:20, 그리고 예레미야 17:25에서 '*am 'olam*(영원한 백성 — 옮긴이)이라는 표현을 발견할 수 있다. 전도서 12:5의 *bet 'olam*(영원히 쉴 곳, 영원한 집 — 옮긴이)이라는 표현은 묘지를 지칭하는 고대 동방의 관용구다.

6. 로마 정부에 대한 이와 유사한 비판은 랍비 요하난 벤 자카이(Yohanan ben Zakkai)의 동아리에서도 제기되었다. Rabbi Yohanan ben Zakkai, *Baba Batra* 10b를 보라. *Pesikta de-Rav Kahana* 95b도 보라. Rabbi Shimeon ben Laquish, *Genesis Rabba* 9, 13은 로마 제국을 예찬했다.

7. W. W. Fowler, *The Religious Experience of the Roman People*, p. 387; G. F. Moore, *History of Religions*, I, 551. 특히 Erwin Rohde, *Psyche*, Tübingen 1925, II, p. 336ff를 보라.

8. Rohde, *Psyche*, II, p. 395.

9. *Philippics*, XIV, 12. 옛 격언에 의하면 "기쁨은 일시적이고, 명예는 영원하다." Diogenes Laertius, 1.97.

10. *Mihi populus Romanus aeternitatem immortalitatem quem donavit, Oratio in Pisonem*, 7. 키케로가 불멸의 문제를 어떤 식으로 대했는지 보려면

Rohde, 1.c., p. 326, 1을 보라.

11. *Epistolae Morales* (Loeb Classics) C11, 29. A. Kaminka, in *Sefer Klausner*, Tel Aviv, 1937, p. 172를 보라.

12. 이사야 40:6, 8.

13. *Abot* 3, 14에 있는 랍비 아키바(Akiba)의 진술을 보라. 랍비 아키바는 랍비 시므온의 스승이다.

14. 토라를 읽은 뒤에 암송하는 기도문.

15. *Pesikta*, ed. Buber, p. 39b.

4_ 하늘만 있어야 하는가

1. Jer. *Hagigah* 77b.

2. Jer. *Hagigah* 77b.

3. *Abot de-Rabbi Natan*, chap. 28.

4. *Berachot* 35b.

5. J. G. Frazer, *The Myths of the Origin of Fire*, London, 1930, pp. 193-194.

6. *Bet Midrash*, V, 153.

7. *Mishneh Torah, Ishut* 10, 4.

8. Rashi, *Shabbat* 150b.

9. *Mishnah Sotah* 9, 14; *Tosefta* 15, 8; *Talmud* 49b. 도금양을 뜻하는 히브리 낱말 하다사(*badassah*)는 에스더의 본명이었다(더 2:7). 할레비(Halevi)는 자신의 시에서 신부를 가리켜 "에덴동산의 나무들 중에서 미끈한 도금양 나무"라고 표현한다. I. Löw, *Die Flora der Juden*, II, 273을 보라. 희랍 신화에서 도금양

은 아프로디테가 아끼는 식물이자 사랑의 상징으로 등장한다. Pauly Wissowa, s.v. Aphrodite, p. 2767; s.v. Myrtle, p. 1179.

10. *Ketubot* 17a. 랍비 이삭(Isaac)의 아들 랍비 사무엘(Samuel)이 도금양 잔가지 세 개를 흔들며 춤을 추었다. 랍비 제라(Zera)가 말했다. "노인이 우리를 부끄럽게 하는구나." 랍비 사무엘이 죽자 불기둥이 나타나서 그를 이 세계의 나머지로부터 선별했다. 전설은, 그러한 선별은 한 세대에 한두 사람에게만 일어난다고 말한다. Jer. *Peah* 15d; Jer. *Abodah Zara* 42c도 보라.

11. 도금양은 안식일의 식물로 간주되었다("안식일은 도금양을 필요로 한다." Sefer Hasidim, ed. Wistinetzki, Frankfurt a.M., 1924, 553, p. 145). 랍비 이삭 루리아(Isaac Luria)는 많은 사람이 금요일 저녁에 도금양 잔가지 두 개를 놓고 축복의 기도를 암송하며 향기를 맡고는 했다고 전한다. *Shulhan Aruch* of Rabbi Isaac Luria, Wilno, 1880, p. 29a를 보라. Rabbi Isaiah Horowitz, *Shne Luhot ha-Berit*, Frankfurt a.d. Oder, 1717, p. 133b도 보라. 라우터바흐(Lauterbach)가 *Hebrew Union College Annual*, XV, 393f에서 안식일에 도금양을 사용하는 이유를 설명한 것은 랍비 시므온 벤 요하이의 이야기에서 도금양이 차지하는 역할과 일치하지 않는다.

안식일이 끝날 무렵 여분의 영혼이 떠날 때가 되면, 사람들은 약초의 향기를 맡고 새로워져야 한다. 왜냐하면 그 순간 "서로 떨어져 슬퍼하던 영혼과 영에게 향기가 찾아와 그들을 하나로 묶어 주고 즐겁게 만들어 주기" 때문이다. *Zohar* III, p. 35b. Ibn Gabbai, *Tola'at Jacob*, p. 30a에 의하면, 도금양이 그러한 목적에 딱 맞았다. Lauterbach, *Hebrew Union College Annual*, XV, 382f에 인용된 다른 자료들도 참조하라. 탈무드는 하브달라 의식에서 향기로운 약초가 사용되었다고 말하지만, 특별히 도금양을 언급하지는 않는다. 하브달라 기간에 향료 주머니에 담긴 향기로운 약초를 놓고 축복의 기도를 암송하는 풍습은 지금도 행해지고 있다.

12. "노인"이 안식일을 경축하기 위해 도금양 두 다발을 들고 있노라고 말하자, 랍비 시므온이 물었다. "한 다발이면 족하지 않습니까?" 노인이 대답했다. "한 다발은 '기억'을 위한 것이고, 한 다발은 '보존'을 위한 것입니다." 이것은 두 개의 다른 말씀을 암시한 것이다. 안식일 계명은 십계명의 두 판본(출 20:8과 신 5:12)에 들어 있다. 고대 신비주의 문헌에 의하면, "기억"은 남성적인 원리를 가리키고, "보존"은 여성적인 원리를 가리킨다. *Babir*, Wilna, 1913, p. 17d. 우리는 이것이 랍비 시므온에게 안식일은 신부이고 이스라엘은 신랑이라는 생각을 갖게 했을 것이라고 추측해 볼 수 있다.

5_ 당신은 하나입니다

1. *Genesis rabba* 11,8. 본서에서 제시된 해석은 우화로 풀어 쓴 것이다. *Beure Hagra*, Gaon of Wilna, Warsaw, 1886, p. 98을 참조하라. 이스라엘과 하나님의 관계는 역사의 공공연한 사실이지만, 비밀이자 사적인 행위이기도 하다. 랍비 시므온 벤 요하이는 안식일이 그러한 관계의 비밀을 드러내는 것으로 본다. 그는 이렇게 말한다. "모든 계명이 거룩하신 하나님께서 이스라엘에게 공개적으로 주신 것이라면, '나와 이스라엘 사이에 세워진 영원한(le- 'olam) 표징이니'(출 31:17)라고 기록되었듯이, 안식일은 몰래 주신 것이다. '아무와 아무 사이에'라는 표현은 남편과 아내의 친밀함을 가리키는 유대인 특유의 표현이다(참조. *Nedarim* 79b). le- 'olam(영원한)이라는 표현은 '비밀로 간직되다'를 뜻하는 le- 'alem으로 발음되도록 씌어졌다(*Bezah* 16a).

2. *Shabbat* 119a. 랍비 야나이의 최초 주거지는 세포리스(Sephoris)에 있었다. 후에 랍비들은 안식일이야말로 이 세상에 있는 신부라는 암시된 의미를 깨달았다.

Lekah Tob, ed. Buber, Wilna, 1884, p. 9a. *Midrash Hashkem* in Al Nakawa, II, 191의 인용문도 참조하라.

3. Rabbenu Hananel, *Baba Kama* 32a. R. Rabinowicz, *Variae lectiones, ad locum.*

4. *Shabbat* 119a. 세포리스의 랍비 하니나 벤 하마(Hanina ben Hama)는 250년 경에 죽었다. 안식일을 "신부"로 부르는 것과 "여왕"으로 부르는 것은 전혀 모순되지 않는다. 옛 히브리 격언은 "신랑은 왕 같다"고 말한다. *Prike de Rabbi Eliezer*, chap. 16, end. *Zohar, Raya Mehemna*, III, 272b에는 다음과 같이 기록되어 있다. "안식일은 여왕이자 신부다." 안식일이 신부라면, 신랑은 누구인가? 방금 인용한 학자들의 말에서는 신랑이 누구인지 알 수 없다. 하지만 랍비 시므온 벤 요하이는 안식일이 이스라엘의 배우자라고 말한다. 시간이 흐르면서 그 개념은 새로운 뜻을 내포하게 되었다. 3세기의 학자 랍비 요하난은 안식일을 가리켜 하나님의 여왕이라고 말한다. *Deuteronomy rabba* 1, 18; *Exodus rabba* 25, 11을 보라. 티베리야스 학파의 저명한 수장이었던 랍비 요하난은 279년경에 죽었다. 그는 랍비 대 하니나와 랍비 야나이의 제자였다. 랍비 대 하니나에 대해서는 Jer. *Baba Metzia*, chap. 2, end; Bab. *Niddah* 20b를 보고, 랍비 야나이에 대해서는 *Baba Batra* 154b, *Yebamot* 92b를 보라.

3세기 팔레스타인의 유명한 설교사였으며, 랍비 요하난의 제자 내지는 그와 동시대 사람이었던 랍비 레위(Levi)도 똑같은 은유를 채택했다. 그는 남자 아이가 태어난 지 8일이 지나서 할례받는 이유를 이렇게 설명했다. "그것은 한 임금이 어떤 지방에 가서 다음과 같은 법령을 발포하는 것과 같다. '이곳에 사는 어떤 방문자도 먼저 내 부인의 얼굴을 보지 않고는 내 얼굴을 볼 수 없다.' 그 부인은 다름 아닌 안식일이다. 안식일 없이 일곱 날이 이어질 수는 없기에, 아이는 먼저 안식일의 계약을 접하지 않고는 할례의 계약에 들어설 수 없다." *Leviticus rabba* 27, 10. 여러 세대가 지난 후 두 번째 개념이 유포되었다. 말하자면, 안식일이 신부이고, 하나님은 신랑과 같다는 것이다. 안식일은 신부와 그녀의 배우자인 하나님의 결합이다. 1340년경 스페인 세빌랴에서 살았던 랍비 다비드 아부드라함(David Abudraham)은 이렇게 말한다. "안식일과 이스라엘 공동체는 신부이고 하나님은 신랑이시기에, 우리는 이렇게 기도한다. '우리로 하여금 당신의 신부가 되게 하시고, *Ruth rabba*(룻기 주석서)에서 여인은 남편의 품에서만 평온을 얻을 수 있다고 했듯이, 당신의 신부로 하여금 당신 안에서 평온을 얻게 하소서.'" Abudraham, Prague, 1784, 44c와 45a를 보라. "여인은 남편의 품에서만 평온을 얻을 수 있다"는 말은 룻기 3:1에 대한 주석인 *Ruth rabba*, 1,15일 것이다. Rabbi Moses ben Abraham Katz, *Matteh Mosheh*, chap. 450을 보라. '오소서, 나의 신부여'(*Lechah Dodi*)에서 "신부"라는 용어는 일반적인 의미로 이해되었다. *Yessod ve-Shoresh ha-Abodah*, Jerusalem, 1940, p. 164를 보라. *Tikkune Shabbat*, Dyhernfurth, 1692, f. 28도 보라. *Zohar*, III, 257a는 안식일이 셰키나(Shechinah), 곧 이 세상에서 이루어지는 하나님의 임재와 동의어라고 말한다. *Bahir*, Wilna, 1912, p. 17c를 보라. 정통파 주석학자 라시(Rashi)는 여성적인 은유가 오해되지 않도록 조심하면서 글자 그대로의 의미를 박탈하고 은유의 성(性)과 대상을 바꾸려고 했다. 그는 랍비 하니나가 "왕을 만나러 가는 사람처럼" 행동했다고 말한다(*Baba Kama* 32a). 또한 그는 이렇게 말한다. "사모하는 마음이 북받쳐 랍비 하니나는 안식일 의식을 여왕이라 부른다"(*Shabbat* 119a). 라시는 라브 나만 바르 이삭(Rab Nahman bar Isaac)이 "스승을 맞이하는 사람처럼" 안식일을 맞이했다고 전한다(Shabbat 119a). Al Nakawa, *Menorat ha-Maor*, III, 586도 보라. Maimonides, *Mishneh Torah, Shabbat* 30, 2도 "왕"이라는 용어를 채택하고 있다.

하나님과 이스라엘의 관계를 기술하면서 낭만적인 사랑과 결혼이라는 개념을 처음 사용한 사람은 예언자 호세아였다. 호세아에 의하면, 하나님은 그의 백성과 결혼하시고, 남편이 아내를 사랑하듯이 백성을 사랑하신다(호 3:1). 하지만 그러한 관계를 신랑과 신부의 사랑에 비유한 최초의 인물은 따로 있었다. "신랑이 신부를 반기듯, 너의 하나님께서 너를 반기신다"(사 62:5). 랍비 베라키아(Berachiah)는 성서에서 하나님이 이스라엘을 신부라고 말씀하시는 대목 열 군데를 열거한다. *Deuteronomy rabba* 2, 26; *Canticles rabba*, 4:21; *Pesikta de-Rab Kahana*, ed. Buber, p. 147b를 보라.

신부라는 개념은 유대 영혼의 역사에서 강력한 힘을 발휘했으며, 경건하게 사는 사람에게 신성한 시심(詩心)을 선사했다. 그것은 우리가 알고 있는 사랑의 노래 가운데 가장 탁월한 사랑의 노래, 곧 아가(雅歌)에서 절정에 달했다. 아가는 단 하나의 의미만을 나타낸다. 그것은 하나님의 신부인 이스라엘과 이스라엘의 연인인 하나님 사이에 오간 속삭임이었으며, 출애굽 때부터 메시아가 도래할 때까지의 이스라엘 역사를 보여 주는 우화다. 그 주제에 관해서는 Salfeld, *Das Hohelied Salomos bei den jüdischen Erklärern des Mittelalters*, Berlin, 1879; S. Lieberman, *Yemenite Midrashim* (Hebrew), Jerusalem, 1940, p. 12를 보라.

시내 산에서 일어난 사건은 하나님과 이스라엘의 약혼 행위로 묘사된다. *Deuteronomy rabba* 3, 12. "모세는 진으로부터 백성을 데리고 나와 하나님을 만나게 했다"(출 19:17). 랍비 요세는 이렇게 말했다. "신랑이 신부를 맞이하러 나오듯이(*Mekilta* to 19:17), 주님도 시내 산에서 오셨다(신 33:2)." Ziegler, *Die Königsgleichnisse des Midrasch*, Breslau, 1903, chap. 10과 비교해 보라.

하지만 신부라는 개념을 랍비들이 사용하는 방식과 예언자들이 사용하는 방식에는 근본적인 차이가 있다. 예언자들의 선포 속에서는 이스라엘이 신부라고 불리며, 그 주도권이 하나님 쪽에 있었다. 랍비들의 말에서는 이스라엘이 아닌 안식일이 신부라고 불리며, 그 주도권이 인간 쪽에 있었다.

5. 창세기 2:2.
6. 게니바는 247년에 죽은 아바 아리카(Abba Arika)와 동시대 사람이었다. Jer.

Abodah Zarah II, 42a를 보라.

7. *Genesis rabba* 10,9.

8. *Exodus rabba* 41,6을 보라.

9. Al Nakawa, *Menorat ha-Maor*, 2, p. 191. "안식일은 이스라엘과 결혼했다. 안
식일 전야제는 결혼식, 곧 신부를 신방에 들이는 예식과 같다. 안식일을 일컬어
여왕이라고도 하는데, 이는 안식일이 왕의 신부이기 때문이다. 모든 이스라엘 사
람은 왕 같은 사람들이다. 그런 이유로 랍비 하니나는 안식일 해거름에 이렇게 말
했다. '자, 안식일 여왕을 맞이하러 나가세. 신부를 맞이하러 나가는 것이야말로
신랑의 예의니 말일세.' 랍비 야나이는 다르게 행동했다. 그는 '신부를 맞이하러
나가세'라고 말하지 않았다. 오히려 그는 자기 자리에 있다가 신부(안식일)가 도
착하면 '어서 들어오시오, 신부여. 어서 들어오시오, 신부여' 하고 말했다. 이는
마치 신부가 결혼식을 마치고 친정집을 떠나 남편의 집에 도착하는 것과 같다."
Rabbi Samuel Edels (1555-1631), Baba Kama 32b.

6_ 한 날의 현존

1. 안식일을 의인화한 사람들은 팔라샤들(Falashas, 에티오피아계 유대인들—옮
긴이)이다. 그들은 안식일이야말로 하나님이 가장 아끼는 천사, 다른 모든 천사
들이 흠모하고 칭송하는 천사라고 생각한다. Louis Ginzberg, *The Legends of
the Jews*, V, 110을 보라. 유대교 안에서 제기된 의인화 문제에 관해서는 Paul
Heinish, *Personifikationen und Hypostasen im Alten Testament und im
Alten Orient*, Münster, 1921; W. Bousset, *Die Religion des Judentums im
Späthellenistischen Zeitalter*, 3. ed., pp. 342-357을 보라.

2. 랍비 요수아 벤 하나냐(Joshua ben Hanania)는 이렇게 말했다. "안식일이 끝나고 축일이 시작되면(토요일 저녁이 되면), 두 가지 기도문을 암송해야 한다. 한 기도문으로는 안식일에 작별을 고하고(하브달라, *habdalah*), 다른 하나로는 축일을 맞이한다(키두시, *kiddush*). 먼저 하브달라를 암송하고 그런 다음 키두시를 암송해야 한다." 랍비 하나냐는 순서가 그리 된 이유를 이렇게 설명한다. "안식일이 끝나는 시간은 왕이 성읍을 떠나는 것과 같고, 축일이 시작되는 시간은 장관이 성읍으로 들어오는 것과 같다. 먼저 왕을 배웅하고, 그 다음에 장관을 맞이하러 나가야 한다." *Pesahim* 103a.

3. R. Meir Ibn Gabbai, *Tola'at Jacob*, Warsaw, 1876, pp. 49, 38. *ha-Manhig* 70에 언급된 글도 참조하라. *Machsor Vitri*, p. 116; ·*Or Zarua*, Zitomir, 1862, II, 49b. 그 관습은 위의 주 2에서 말했다.

4. *Abot* 1, 15; 3, 12.

5. *Halakot Gedolot*, p. 206. I. Mahrschen, Jeschurun, Berlin, 1922, IX, 46을 보라. *Or Zarua*, II, 9b도 참조하라.

6. "안식일이 다가오면, 우리는 노래를 부르면서 그를 맞이한다." *Midrash Tehillim*, ed. Buber, chap. 92, p. 403. 안식일을 맞이할 때 시편 95, 96, 97, 98, 99편과 29편을 읽는 예식이 16세기 말에 사페트의 유대교 신비주의자들(Kabbalists of Safed)에 의해 처음 제정되었다고 하는 견해는 의문의 여지가 있다. 스페인에서 살다가 1391년에 살해당한 알 나카와(Al Nakawa)가 이미 안식일이 다가올 때 시편 96편을 암송하던 관습을 언급하기 때문이다. 그는 그 관습을 일컬어 모바에 샤바트(*movaeh Shabbat*)라고 부른다. (자료를 아무리 뒤져보아도 모바에의 의미를 알 수 없었다. 모바에 샤바트는 모차에 샤바트〔*motza-eh Shabbat*〕의 오기〔誤記〕임에 틀림없다.) *Menorat ha-Maor*, II, 182를 보라. 특별히 선택된 시편들은 하나님의 왕권을 가리키는 것이라 여겨진다. 안식일의 별칭인 여왕이라는 개념도 하나님의 왕권을 암시한다. 추가(Musaf) 예식에서 부

르는 노래, 곧 "안식일을 지키는 그들, 안식일을 기쁜 날이라고 말하는 그들이 당신의 왕국에서 즐거워하리이다"(*Siddur Saadia*, p. 112) 하면서 부르는 노래 역시 동일한 사상을 암시한다.

7_ 영원이 한 날을 낸다

1. *Sefer Hasidim*, vulgata, § 54.
2. *Shabbat* 25b. 몇몇 신비주의자들(Kabbalists)에 의하면, 안식일 전야에 손과 발을 씻는 이유는 우리가 예루살렘 성전의 제사장들과 같기 때문이라고 한다. 예루살렘 성전의 제사장들은 신성한 제사를 시작하기에 앞서 자신들의 손과 발을 씻는 의식을 거행해야 했다.
3. *Zohar*, III, 136b. 아가서 8:6-7에서 따온 한 개의 인용구를 제외하고, 본장에 실린 인용구들은 모두 금요일 저녁 예식서에서 따온 것이다.

8_ 영원의 직관

1. "안식일은 부활과 내세의 표지다." 안식일에 슬픔이 없는 것은 그 때문이다. *Vita Adae et Evae*, 41.1, *The Apocrypha and Pseudopigrapha*, ed. Charles, II, 151. Louis Ginzberg, *The Book of Adam, Jewish Encyclopedia*에 의하면, *Vita Adae et Evae*는 유대교에 기원을 두고 있다고 한다.
2. Alphabet of R. Akiba, *Otzar Midrashim*, p. 407; p. 430. *Kad ha-Qemah*,

*Shabbat, end*에 인용된 미드라쉬도 참조하라.

3. *Mekilta to Exodus* 31:17.

4. *Mishnah Tamid*, end. 이 미슈나는 랍비 아키바의 작품으로 여겨진다. *Rosh Hashanah* 31a를 참조하라.

5. *Abot de-Rabbi Natan*, chap. 1에서 인용문의 마지막 절을 볼 수 있다. 내세에 대한 서술은 Rabbi *Berachot* 17a의 것으로 전해진다. *Midrash Tehillim*, chap. 92, ed. Buber, p. 201a도 보라.

6. Rabbi Solomon of Karlin.

7. 3장의 끝에서 두 번째 문단을 보라.

8. 우리는 안식일에 기도문을 암송하면서 감사기도 끝부분에서 이렇게 말한다. "자비로우신 주님, 우리로 하여금 온통 안식일이 될 그때, 영원히 살면서 안식할 그때를 물려받게 하소서." 평일에 암송하는 일일 기도문에는 영원에 대한 갈망이 표현되어 있지 않다(*Kuzari* III, 20을 보라). 하지만 안식일에 네 번이나 암송되는 중심 기도문에는 이런 구절이 있다. "주 우리 하나님, 우리로 하여금 당신의 거룩한 안식을 물려받게 하소서." 이는 안식이 내세의 삶과 동의어라고 말하는 것이다. 물론, 현세의 안식일은 이미 인간에게 주어져 있다.

9. Rabbi Elijah De Vidas, *Reshit Hokmah, Shaʿar haqedushah*, ch. 2.

9_ 시간 속의 거룩함

1. 1947년에 텔아비브에서 출판된 한 책은 성스러운 우물(*he-Aviv ha Qadosh*)이라는 제목을 달고 있는데, 이는 엄청난 시대착오가 아닐 수 없다.

2. Hermann Cohen, *Jüdische Schriften*, Berlin, 1924, I, 325.

3. 신명기 12:5, 11, 14, 18, 21, 26, 14:23, 24, 25, 15:20, 16:2, 6, 11, 15, 16, 17:8, 10, 23:17, 31:11.

4. 사무엘하 7:1-2.

5. 시편 132:1-5.

6. 시편 132:13-14.

7. 후대의 랍비 전통은 성전이 세워질 자리에서 몇 가지 중요한 사건이 일어났다고 주장했다(Maimonides, *Mishne Torah, Bet ha-Behirah* II, 2를 보라). 하지만 성서는 그 사건들을 일절 언급하지 않는다. M. Buber, *Ben Am le-Artzo* (Hebrew), Jerusalem, 1945, p. 2를 보라.

8. 시편 132:7.

9. 이사야 66:1.

10. 이사야 66:2을 참조하라.

11. *Yalkut Shimoni* I, 830. *Tosafot Hagigah* 3b에 인용된 미드라쉬를 보라.

12. 우리는 절기 때마다 "이스라엘과 시간을 거룩하게 하신 분은 누구신가"를 암송하면서 하프토라(*Haftora*) 기도를 마치고, 안식일에는 "안식일을 거룩하게 하신 분은 누구신가"를 암송하면서 마친다. 그 이유는 "안식일이 이스라엘에 우선했기" 때문이다. 안식일은 세계 창조와 함께 왔다. *Soferim* 13, 14.

13. *Mekilta* to 12:1; *Eduyot* 8, 6; *Mishneh Torah, Terumot* 1, 5; *Tosafot Zebahim* 62a를 보라.

14. "이렇게 모세는 주께서 명하신 여러 절기를 이스라엘 자손에게 일러 주었다"(레 23:44). "베트딘(Bet Din)에 의한 성별(聖別)을 필요로 하는 것은 안식일이 아니라 절기들이다. (베트딘은 '심판의 집'을 의미하며, 랍비들로 구성된 법정을 가리킨다. 어느 날이 초승달인지, 언제 새 달이 시작되는지를 발표하고, 어느 날에 절기 행사를 거행할 것인지를 결정한다)"(*Nedarim* 78b). *Mekilta* to 31:15를 보라.

15. 대담하게도 한 미드라쉬는 이렇게 선언한다. "하나님의 거룩함, 안식일의 거룩함, 이스라엘의 거룩함, 이 모든 것은 하나나 다름없다." *Seder Eliyahu Rabba*, ed. M. Friedman, Wien, 1902, p. 133. *Yalkut Shimoni*, I, 833은 "하나님의 이름"을 풀이한다. 그것은 이사야 6:3을 암시하는 것 같다. 사람들은 안식일의 거룩함을 대단히 민감하게 느꼈다. 성서는 안식일 법규 위반을 일컬어 힐렐 (*hilel*)이라고 불렀다. 힐렐은 거룩함을 "오염시키다, 더럽히다, 모독하다"를 의미한다. 그것은 신성모독을 뜻하는 용어다. 출애굽기 31:14, 이사야 56:2, 6, 에스겔 20:13, 16, 21, 24, 22:8, 23:38, 느헤미야 13:17, 18을 참조하라.

16. 제물은 제사 외에 다른 용도로 사용되지 않는다. 안식일을 축성할 때 사용하는 포도주와 빵은 성물도 아니고 제물도 아니다.

17. *Numbers Rabba* 14, 5.

18. *Bahir*, ed. Wilna, 1913, p. 7a.

19. *Shabbat* 86b를 보라.

20. Rabbi Solomon ben Abraham Adret of Barcelona (1235-1310) in *En Ya'akob, Taanit* 27b. 창세기 2:7에 대한 랍비 모세 알셰이크(Moshe Alsheikh)의 주석을 참조하라.

10_ 너희는 탐내어라

1. *Mekilta* to 31:14.

2. *Genesis rabba* 11, 2.

3. *Mekilta* to 20:11을 보라.

4. *Bezah* 16a; *Ta'anit* 27b. 랍비 시므온 벤 라키쉬는 3세기에 활동한 인물이다.

위의 5장 주 1을 보라.

5. 11세기의 정통파 주석학자인 라시는 네샤마 예테라를 심리학적적으로 해석한다. 그것은 "영혼이 평온과 기쁨을 더 잘 수용하고, 음식을 더 잘 받아들이는 상태, 혐오감이 전혀 없는 상태다." *Bezah* 16a; *Ta'anit* 27b에 있는 그의 언급을 보라. *Bezah* 16a에 있는 라베누 하나넬(Rabbenu Hananel)의 글은 원문이 훼손된 것 같다. 라시와 동시대 사람이자 합리주의자였던 이븐 에즈라(Ibn Ezra)는 더 나아가 형이상학적인 해석을 가한다. 그는 일곱째 날에 영혼의 지적 능력이 실제로 증가한다고 주장한다. 창세기 2:3에 대한 그의 주석을 보라. Rabbi Menahem Meiri, *Book of Repentance* (Hebrew), ed. A. Schreiber, New York, 1950, p. 531에도 다소 유사한 관점이 보인다. 위대한 신비가 나마니데스(Nahmanides)도 여분의 영혼이라는 개념을 글자 그대로 받아들이는 것에 반대했다. 창세기 2:2에 대한 그의 주석을 보라. Rabbi Menashe ben Israel, *Nishmat Hayim*, Amsterdam, 1652, p. 53b. 이탈리아 출신으로 주석학자이자 의사이며 철학자였던 랍비 오바댜 스포르노(Obadiah Sforno)는 여분의 영혼을 다음과 같이 특징짓는다. "그것은 하나님께서 '우리가 우리의 형상을 따라서 우리의 모양대로 사람을 만들자'라고 하시면서 사람이 도달하도록 의도하신 그것에 도달하는 능력이 강화되는 것을 의미한다." *Commentary* to Exodus 31:17. Meyer Waxman in *Sefer Hashanah*, vol. VIII-IX, p. 210f, New York 1947도 보라.

6. *Zohar*, II, p. 88b.

7. *Zohar Hadash*, Genesis, 17b; *Zohar* III, p. 242b. 13세기의 학자 랍비 제다키아 벤 아브라함(Zedakiah ben Abraham of Rome)은 이렇게 말한다. "안식일이 되면 사람 속에는 두 영혼이 존재한다." *Shibbole ha-Leqet*, 130. 가스터(M. Gaster)가 번역한 *Maaseh Book*, p. 305에 따르면, "인간은 평일과 달리 안식일에는 또 하나의 영혼을 갖는다. 평일의 여느 날과 달리 안식일에 근심이 없어지는 것만 보아도 그 사실을 알 수 있다."

8. *Zohar* III, p. 173a.

9. Aaron Samuel ben Moses Shalom of Kremnitz(1616년 사망), *Nishmat Adam*, Pietrkow, 1911, p. 24.

10. 랍비 요수아 호로비츠(Joshua Horowitz)에 얽힌 전설도 이와 유사하다. *Nezir ha-Shem*, Lemberg, 1869, 서문을 보라.

11. *Sidduro shel Shabbat*, Warsaw 1872, p. 8c.

12. 직접적인 반복은 오늘날 수사학에서 사용되고 있다. 이를테면 이런 식이다. "그는 새로운 착상, 대단히 중요한 착상을 하나 제시했다."

13. 안식의 영을 알아채는 것은 한 주의 7분의 1에 한정되지 않는다. 십계명을 다루고 있는 책은 두 권이다. 출애굽기와 신명기. 첫 번째 책에서 안식일 계명은 다음과 같이 시작된다. "일곱째 날을 기억하여라(*zabor*)." 두 번째 책에서는 이렇게 시작된다. "일곱째 날을 지켜라(*shamor*)." 중세의 한 현인은 이렇게 말한다. "안식일을 늘 기억하고, 그날의 도래를 기다려라(*shamor*는 '간절히 기다리다'를 의미하기도 한다).…… 애인과의 만남을 학수고대하는 사람처럼, 안식일을 기다리고 또 학수고대하여라"(Al Nakawa, *Menorat ha-Maor*, III, 575).

14. 안식일 예식서에서 우리는 이런 글을 읽는다. "당신께서는 일곱째 날을 기뻐하시고, 그날을 거룩하게 하셨습니다. 당신께서는 그날을 일컬어 가장 탐나는 날이라고 부르셨습니다." 안식일을 "가장 탐나는 날"이라고 부른 대목이 성서의 어디에 있는가? 일반적으로 "하나님이 그가 하시던 일을 일곱째 날에 마치셨다"로 번역되는 창세기 2:2는 고대 아람어 역본에서 이렇게 읽힌다. "하나님께서 일곱째 날을 탐내셨다." M. Ginsburger, *Das Fragmententhargum* (Targum Jeruschalmi zum Pentateuch), Berlin, 1899를 보라.

맺음말_ 시간을 성화하라

1. J. A. Wilson, "Egyptian Myths, Tales and Mortuary Texts," in *Ancient Near Eastern Texts*, p. 8.

2. 에벤 셰티야(*eben shetiyah*, 주춧돌―옮긴이) 전설은 성서시대 이후에 생겨난 것이다. Louis Ginzberg, *The Legends of the Jews*, V, 14-16를 참조하라. 랍비 문학에서 하나님을 가리키는 단어인 마콤(*maqom*, "장소"를 뜻함―옮긴이)은 공간의 신성시를 의미하는 것이 아니라 공간이 하나님께 종속되어 있음을 의미한다. 공간은 궁극적인 것이 아니다. 하나님은 공간을 초월하신다.

3. A. J. Heschel, *Man Is Not Alone, A Philosophy of Religion*, p. 200.

4. *Tanhuma*, ed. Buber, II, 76; Rashi to Exodus 19:1; Deuteronomy 26:16 을 보라.

5. *Mishnah Pessahim* 10,5.

6. *Yadayim* 3,5.

7. *Abodah Zarah* 10b, 17a, 18a.

8. *Abot* 4,22.

9. 우리는 아침마다 이런 기도문을 읽는다. "경이로우신 주님, 주께서는 주의 선하심으로 창조의 기적을 날마다 끊임없이 되풀이하십니다." 이 세계가 보전되고 있는 것은 하나님의 활동 덕분이다. "주님만이 홀로 우리의 주님이십니다. 주께서는 하늘과 하늘 위의 하늘과 거기에 딸린 별들을 지으셨습니다. 땅과 그 위에 있는 온갖 것, 바다와 그 안에 있는 온갖 것들을 지으셨습니다. 주께서는 이 모든 것을 보호하십니다"(느 9:6). "주님, 주께서 손수 만드신 것이 어찌 이리도 많습니까?……이 모든 피조물이 주님만 바라보며, 때를 따라서 먹이 주시기를 기다립니다.……주께서 얼굴을 숨기시면 그들은 떨면서 두려워하고, 주께서 호흡을 거두어들이시면 그들은 죽어서 본래의 흙으로 돌아갑니다. 주께서 주의 영을 불

어넣으시면 그들이 다시 창조됩니다(시 104:24, 27, 29, 30)." 이사야 48:13, 42:5, 48:7의 현재 시제에 주목하라. 욥기 34:14-16, *Kuzari* 3, 11도 보라. 자연의 경이로움을 보면서 우리는 이렇게 기도한다. "창조계를 경이롭게 하신 주님, 찬미받으소서"(*Mishnah Berachot* 9, 2; Resh Laqish, *Hagigah* 12b 그리고 Rashi ad locum을 보라). 창조가 지속적으로 이루어지고 있다는 사상은 고전적인 논쟁의 주제였던 것 같다. 샤마이(Shammai) 학파는 안식일이 시작될 때 이런 기도를 바쳤다고 한다. "불빛을 **지으신** 주님, 찬미받으소서." 반면에 힐렐(Hillel) 학파는 이런 기도를 바쳤다고 한다. "지금도 불빛을 **짓고 계신** 주님, 찬미받으소서"(*Mishnah Berachot* 7, 5). Joseph Salomo Delmedigo, *Ta'alumot Hokmah, Nobelot Hokmah*, Basel, 1629, p. 94를 보라.